MODERNA HOKKAIDO KUHINJA

100 recepata s najsjevernijeg japanskog otoka

Tamara Radić

Autorska prava Materijal ©202 4

Sva prava pridržana

Nijedan dio ove knjige ne smije se koristiti ili prenositi u bilo kojem obliku ili na bilo koji način bez odgovarajućeg pisanog pristanka izdavača i vlasnika autorskih prava, osim kratkih citata korištenih u recenziji. Ovu knjigu ne treba smatrati zamjenom za medicinske, pravne ili druge stručne savjete.

SADRŽAJ

- SADRŽAJ 3
- UVOD 6
- DORUČAK 7
  - 1. Hokkaido mliječni kruh s džemom 8
  - 2. Kajgana na hokaido način s rakovima 10
  - 3. Hokkaido palačinke od crvenog graha 12
  - 4. Zdjela za doručak u stilu Hokkaido 14
  - 5. Zobena kaša u stilu Hokkaido s miso maslacem 16
  - 6. Francuski tost u hokaido stilu s pastom od crvenog graha 18
  - 7. Hokkaido Stil Matcha Kava s mlijekom 20
- STARTERI 22
  - 8. Inari sushi u stilu Hokkaido 23
  - 9. Povrće Gyoza 25
  - 10. Onigiri (rižine kuglice) s norijem 27
  - 11. Agedashi tofu u hokaido stilu 29
  - 12. Kolačići s rezancima od mente 31
  - 13. Edamame s morskom soli 33
  - 14. Prženi ramenski prstenovi 35
  - 15. Japanski ljuti bijeli umak 37
  - 16. Japanski zalogaji lososa i krastavca 39
  - 17. Japanska keto-bamija zdjela 41
  - 18. Japanski ljetni sendviči 43
  - 19. Nori kokice od algi 45
  - 20. Marinirane gljive od soje 47
  - 21. Hrskave shishito papričice 49
  - 22. Yakitori ražnjići u hokaido stilu 51
  - 23. Okonomiyaki (japanske palačinke) 53
- GLAVNO JELO 55
  - 24. Hot Pot od morskih plodova Hokkaido (Ishikari Nabe) 56
  - 25. Roštilj od janjetine u stilu Hokkaido Genghis Khan 58
  - 26. Buta Don u hokaido stilu (zdjela svinjske riže) 60
  - 27. Hokkaido Kani Miso Gratin (Crab Miso Gratin) 62
  - 28. Ramen s pečenim crvenim miso povrćem 64
  - 29. Japanski Teriyaki Zoodles Stir Fry 67
  - 30. Slatki ramen s tofuom 69
  - 31. Shoyu Ramen 71
  - 32. Mišo Ramen 73
  - 33. Ramen rezanci 75

34. Instant Ramen 77
35. Kimchee rezanci 79
36. Vrući hitac Ramena 81
37. Ramen večera 83
38. Slatko i začinjeno prženje ramena 85
39. Ramen s čilijem i kokosom 87
40. Ramen prženje od zelenog graha 89
41. Ramen Seul 91
42. Promiješajte prženo povrće i ramen 93
43. Pečeno povrće s ramenom 95
44. Crvena paprika Limeta Ramen 97

JUHE 99

45. Kenchinjiru (japanska juha od povrća) 100
46. Japanska juha od jama i kelja 103
47. Nori juha s rezancima 105
48. Ramen juha od gljiva 107
49. Miso juha s tofuom i kupusom 109
50. Miso juha s tofuom i algama 111
51. Juha od rezanaca sa špinatom i zelenim lukom 113
52. Udon juha s rezancima s tempura povrćem 115
53. Ramen juha s kukuruzom i Bok Choy 117
54. Sojino mlijeko i juha od bundeve 119
55. Hokkaido Sukiyaki juha 121
56. Somen juha s rezancima 123
57. Curry juha s rezancima 125
58. Ramen juha s gljivama 127

BUJON 129

59. Dashi bujon 130
60. Umami juha od povrća 132
61. Hokkaido bistra juha od luka 134
62. Miso jušni temeljac 136
63. Juha na bazi sojinog umaka 138
64. Ramen juha od povrća 140
65. Juha od gljiva Shiitake 142
66. Sesame Miso Broth 144
67. Začinjeni bujon od tofua i kimchija 146
68. Vegetarijanska juha Kotteri 148
69. Udon juha od rezanaca 150
70. Bujon od zelenog čaja Hokkaido 152
71. Miso juha od gljiva od povrća 154
72. Juha od limunske trave od đumbira 156
73. Juha od šitake od kestena 158
74. Juha od slatkog krumpira i kokosa 160

- 75. Sake i juha od suhih gljiva 162
- 76. Juha s dodatkom wasabija i norija 164
- 77. Bistra juha od gljiva 166

SALATE 168
- 78. Salata od sezamovih algi 169
- 79. Ramen salata od jabuka 171
- 80. Sambal Ramen salata 173
- 81. Hokkaido Serrano Ramen Salata 175
- 82. Ramen salata od mandarina 177
- 83. Ramen s kupusom i sjemenkama suncokreta s 179
- 84. Kremasta salata s orašastim plodovima i rezancima 181
- 85. Salata od sezama i đumbira inspirirana Japanom 183
- 86. Miso glazirana salata od pečenog povrća 185
- 87. Salata od slanutka i avokada 187
- 88. Hrskava zdjela za sushi od prženog tofua 189

DESERI 192
- 89. Japanac Lemony Shochu 193
- 90. Mochi slatkiši 195
- 91. Japanski voćni ražnjići 197
- 92. Agar voćna salsa 199
- 93. Kinako Dango 201
- 94. Hokkaido Dorayaki 203
- 95. Sladoled Matcha 205
- 96. Hokkaido Zenzai 207
- 97. Žele od japanske kave 209
- 98. Matcha Tiramisu 211
- 99. Kinako Warabi Mochi 213
- 100. Hokkaido Yuzu Sorbet 215

ZAKLJUČAK 217

UVOD

Dobrodošli u "Modernu Hokkaido kuhinju", kulinarsku avanturu kroz najsjeverniji japanski otok! Hokkaido, poznat po prekrasnim krajolicima i bogatoj kulinarskoj baštini, riznica je okusa koji čekaju da budu istraženi. U ovoj kuharici pozivamo vas da otkrijete 100 modernih i inovativnih recepata nadahnutih živopisnom kulturom prehrane Hokkaida.

Od svježih morskih plodova ulovljenih u ledenim vodama do izdašnog planinskog povrća i mliječnih proizvoda s bujnih pašnjaka, raznolik krajolik Hokkaida pruža obilje sastojaka koji čine temelj njegova kulinarskog identiteta. U "Modernoj hokkaido kuhinji" slavimo ovu bogatu tapiseriju okusa, nudeći suvremeni zaokret tradicionalnih jela i inovativne kreacije koje prikazuju najbolje od hokkaido kuhinje.

Bez obzira jeste li iskusni kuhar ili kuhar sklon avanturizmu, na ovim stranicama ima za svakoga ponešto. Svaki je recept pažljivo osmišljen kako bi uhvatio bit hokkaido kulinarskog naslijeđa, a istodobno prihvaća moderne tehnike i sastojke. Od ugodnih juha i variva do elegantnih jela od plodova mora i neodoljivih deserata, pronaći ćete široku lepezu okusa i tekstura kojima ćete oduševiti svoje nepce.

Stoga, pridružite nam se dok putujemo kroz živahne tržnice, užurbane izakaye i udobne domaće kuhinje Hokkaida. Neka "Moderna Hokkaido kuhinja" bude vaš vodič za istraživanje raznolikog i ukusnog svijeta japanske kuhinje, jedan po recept.

Pripremite se za inspiraciju, primamljenje i prijevoz na očaravajući otok Hokkaido dok zajedno krećemo u ovu kulinarsku avanturu. Uronimo i otkrijmo okuse najsjevernijeg japanskog raja!

DORUČAK

1. Hokkaido mliječni kruh s džemom

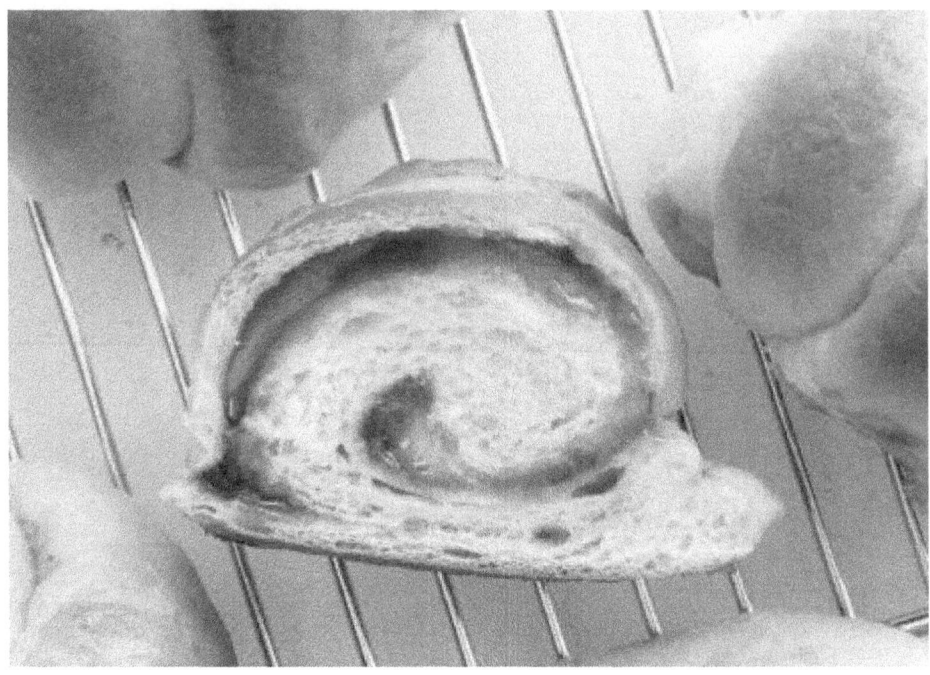

SASTOJCI:
- 2 šalice brašna za kruh
- 1/2 šalice Hokkaido mlijeka
- 3 žlice šećera
- 1 žličica soli
- 2 žlice neslanog maslaca, omekšalog
- 2 žličice aktivnog suhog kvasca
- Domaći džem po izboru

UPUTE:
a) U posudi za miješanje pomiješajte krušno brašno, šećer, sol i kvasac.
b) Zagrijte Hokkaido mlijeko dok se ne zagrije (oko 110°F/43°C).
c) Dodajte toplo mlijeko suhim sastojcima i miješajte dok se ne dobije tijesto.
d) Tijesto mijesite na pobrašnjenoj površini oko 10 minuta, odnosno dok ne postane glatko i elastično.
e) Stavite tijesto u namašćenu zdjelu, prekrijte čistom kuhinjskom krpom i ostavite da se diže na toplom mjestu oko 1 sat, ili dok se ne udvostruči.
f) Dignuto tijesto izbušite i podijelite na jednake dijelove. Svaki dio oblikujte u malu kuglicu.
g) Kuglice od tijesta stavite u namašćenu tepsiju, pokrijte i ostavite da se diže još 30 minuta.
h) Zagrijte pećnicu na 350°F (175°C).
i) Dignuto tijesto pecite 20-25 minuta, odnosno dok ne porumeni.
j) Hokkaido mliječni kruh poslužite topao s domaćim džemom.

2.Kajgana na hokaido način s rakovima

SASTOJCI:
- 4 jaja
- 1/4 šalice Hokkaido mlijeka
- Posolite i popaprite po ukusu
- 1 žlica neslanog maslaca
- 1/2 šalice kuhanog mesa rakova, u listićima
- Nasjeckani vlasac za ukras

UPUTE:
a) U zdjeli umutite jaja, Hokkaido mlijeko, sol i papar dok se dobro ne sjedine.
b) Zagrijte maslac u tavi na srednje jakoj vatri.
c) Ulijte smjesu jaja u tavu i pustite da kuha nekoliko sekundi dok se ne počne stvrdnjavati.
d) Lagano miješajte jaja lopaticom, preklapajući ih dok se kuhaju.
e) Kad su jaja gotovo stvrdnuta, dodajte kuhano meso rakova i nastavite kuhati još minutu, ili dok jaja nisu potpuno kuhana, a rak se zagrije.
f) Maknite s vatre i po umućenim jajima pospite nasjeckani vlasac.
g) Poslužite kajganu na hokkaido način uz vruće rakove.

3. Hokkaido palačinke od crvenog graha

SASTOJCI:
- 1 šalica višenamjenskog brašna
- 1 žlica šećera
- 1 žličica praška za pecivo
- 1/4 žličice soli
- 1/2 šalice kuhanog Hokkaido crvenog graha (anko)
- 3/4 šalice Hokkaido mlijeka
- 1 jaje
- Maslac ili ulje za kuhanje
- Javorov sirup za posluživanje

UPUTE:
a) U posudi za miješanje pomiješajte brašno, šećer, prašak za pecivo i sol.
b) U drugoj zdjeli vilicom zgnječite kuhani Hokkaido crveni grah dok ne postane glatko.
c) U pasirani crveni grah dodajte mlijeko i jaje i dobro promiješajte.
d) Postupno dodajte mokre sastojke suhim sastojcima, miješajući dok se ne sjedine.
e) Zagrijte tavu ili rešetku na srednje jakoj vatri i lagano premažite maslacem ili uljem.
f) Ulijte oko 1/4 šalice tijesta na tavu za svaku palačinku.
g) Pecite dok se na površini palačinki ne stvore mjehurići, zatim ih okrenite i pecite dok ne porumene s druge strane.
h) Ponovite s preostalim tijestom.
i) Hokkaido palačinke od crvenog graha poslužite tople s javorovim sirupom.

4.Zdjela za doručak u stilu Hokkaido

SASTOJCI:
- 1 šalica kuhane riže kratkog zrna
- 1/2 šalice kuhane Hokkaido soje (edamame)
- 1/2 šalice kuhanog Hokkaido krumpira narezanog na kockice
- 1/2 šalice kuhane Hokkaido mrkve narezane na kockice
- 1/4 šalice nasjeckane nori (morske alge)
- 1 žlica soja umaka
- 1 žličica sezamovog ulja
- 1 žličica prženih sjemenki sezama
- Pečeno jaje (po želji)

UPUTE:
a) U zdjeli pomiješajte kuhanu rižu, hokkaido soju, krumpir narezan na kockice i mrkvu narezanu na kockice.
b) Pokapajte soja umak i sezamovo ulje preko mješavine riže i povrća.
c) Lagano promiješajte da se sjedini.
d) Podijelite smjesu u zdjelice za posluživanje.
e) Svaku zdjelu pospite nasjeckanim norijem i prženim sjemenkama sezama.
f) Po želji poslužite s pečenim jajetom na vrhu.
g) Uživajte u zdjeli za doručak u stilu Hokkaido.

5.Zobena kaša u stilu Hokkaido s miso maslacem

SASTOJCI:
- 1 šalica valjane zobi
- 2 šalice vode
- 2 žlice miso paste
- 2 žlice neslanog maslaca
- 1 žlica meda
- Narezani zeleni luk za ukras

UPUTE:
a) U loncu zakuhajte vodu. Umiješajte zobene pahuljice i smanjite vatru na nisku. Kuhajte, povremeno miješajući, oko 5-7 minuta ili dok se zob ne skuha do željene gustoće.
b) U maloj zdjeli pomiješajte miso pastu, omekšali maslac i med dok se dobro ne sjedine.
c) Umiješajte smjesu miso maslaca u kuhanu zob dok se potpuno ne sjedini.
d) Maknite s vatre i ostavite da odstoji minutu.
e) Zobene pahuljice na hokkaido način poslužite vruće, ukrašene narezanim zelenim lukom.

6. Francuski tost u hokaido stilu s pastom od crvenog graha

SASTOJCI:
- 4 kriške debelo rezanog kruha
- 2 jaja
- 1/2 šalice Hokkaido mlijeka
- 1/4 žličice ekstrakta vanilije
- Maslac za prženje
- Pasta od slatkog crvenog graha (anko) za posluživanje
- Šećer u prahu za posipanje

UPUTE:
a) U plitkoj posudi umutite jaja, Hokkaido mlijeko i ekstrakt vanilije dok se dobro ne sjedine.
b) Zagrijte tavu ili rešetku na srednje jakoj vatri i otopite malo maslaca.
c) Svaku krišku kruha umočite u smjesu jaja, ravnomjerno premazujući obje strane.
d) Stavite umočene kriške kruha na tavu i pecite dok ne porumene s obje strane, oko 2-3 minute po strani.
e) Izvadite francuski tost iz tave i poslužite vruće s namazanom slatkom pastom od crvenog graha.
f) Prije posluživanja pospite šećerom u prahu.

7.Hokkaido Stil Matcha Kava s mlijekom

SASTOJCI:
- 1 šalica Hokkaido mlijeka
- 1 žličica matcha praha
- 1 žlica meda ili šećera (po želji)

UPUTE:
a) U malom loncu zagrijte Hokkaido mlijeko na srednje jakoj vatri dok ne bude vruće, ali ne zavrije.
b) U posudi pomiješajte matcha prah s malom količinom vruće vode da dobijete glatku pastu.
c) Ulijte vruće Hokkaido mlijeko u matcha pastu i miješajte dok se dobro ne sjedini.
d) Po želji zasladite medom ili šećerom po ukusu.
e) Ulijte matcha Kava s mlijekom u stilu Hokkaido u šalice i poslužite vruće.

STARTERI

8.Inari sushi u stilu Hokkaido

SASTOJCI:
- 1 šalica sushi riže, kuhane i začinjene rižinim octom
- 1 paket inari džepova (slatke tofu vrećice)
- Sezamove sjemenke za ukras
- Tanko narezan zeleni luk

UPUTE:
a) Nježno otvorite inari džepove.
b) Napunite svaki džep s malom količinom začinjene sushi riže.
c) Ukrasite sjemenkama sezama i narezanim mladim lukom.

9. Povrće Gyoza

SASTOJCI:
- 1 šalica kupusa, sitno nasjeckanog
- 1/2 šalice mrkve, naribane
- 1/2 šalice shiitake gljiva, sitno nasjeckanih
- 2 zelena luka, sitno nasjeckana
- 1 režanj češnjaka, samljeven
- 1 žličica đumbira, naribanog
- 1 žlica soja umaka
- Gyoza omoti
- Biljno ulje za prženje u tavi
- Umak za umakanje (sojin umak, rižin ocat i malo sezamovog ulja)

UPUTE:
a) U zdjeli pomiješajte kupus, mrkvu, shiitake gljive, mladi luk, češnjak, đumbir i soja umak.
b) Stavite žlicu smjese u gyoza omot, preklopite i zalijepite rubove.
c) Pržite gyozu dok ne porumeni s obje strane.
d) Poslužite s umakom za umakanje.

10. Onigiri (rižine kuglice) s norijem

SASTOJCI:
- 2 šalice riže za sushi, kuhane
- Nori listovi, izrezani na trake
- Sol, po ukusu
- Nadjevi (kisele šljive, avokado ili pirjano povrće)

UPUTE:
a) Navlažite ruke i pospite ih solju.
b) Uzmite šaku kuhane sushi riže i oblikujte je u trokut ili kuglu.
c) U sredinu stavite malo nadjeva.
d) Omotajte nori trakicama.
e) Ponovite da napravite još onigirija.

11. Agedashi tofu u hokaido stilu

SASTOJCI:
- 1 blok čvrstog tofua, narezan na kockice
- 1/2 šalice kukuruznog škroba
- Biljno ulje za prženje
- 1 šalica dashija
- 2 žlice soja umaka
- 1 žlica mirina
- 1 žlica naribane daikon rotkvice (po želji)
- Nasjeckani zeleni luk za ukras

UPUTE:
a) Kockice tofua obložite kukuruznim škrobom i pržite u dubokom ulju dok ne porumene.
b) U zasebnoj tavi pomiješajte dashi, soja umak i mirin. Zakuhajte.
c) Prženi tofu stavite u posudu za posluživanje, prelijte ga umakom.
d) Ukrasite naribanim daikonom i nasjeckanim mladim lukom.

12. Kolačići s rezancima od mente

4 **SASTOJKA:**
- 4 (3 oz.) pakiranja ramen rezanaca, nekuhanih
- 1 (16 oz.) vrećica komadića tamne čokolade
- 12-14 kapi ekstrakta paprene metvice
- 1-2 kapi ekstrakta metvice
- 1-2 kapi ekstrakta zimzelena
- 24 štapića za lizalice

UPUTE:
a) Rezance izlomite na komade i stavite u zdjelu za miješanje. Stavite lonac na laganu vatru. Umiješajte komadiće čokolade.
b) Umiješajte ekstrakt metvice. Kuhajte ih 1 minutu . Dobivenu smjesu prelijte po rezancima i dobro ih promiješajte.
c) Velikom žlicom žlicom stavite smjesu u obliku kolačića na obložen lim za pečenje. tepsiju staviti u hladnjak na najmanje 1 h. Poslužite kolačiće s omiljenim dodacima.
d) Uživati.

13. Edamame s morskom soli

SASTOJCI:
- 2 šalice edamama (svježeg ili smrznutog)
- Morska sol, po ukusu

UPUTE:
a) Ako koristite smrznuti edamame, kuhajte ga u slanoj vodi 3-5 minuta ili dok ne omekša.
b) Ocijedite i pospite morskom soli.
c) Poslužite toplo ili na sobnoj temperaturi.

14. Prženi ramenski prstenovi

SASTOJCI:
- Tijesto za prženje, rezervirajte 2 šalice
- 1 šalica samodizajućeg brašna
- 1 žličica soli
- 1/4 žličice papra
- 2 jaja, istučena
- 1 šalica piva
- Luk
- 2 (3 oz.) paketa ramen rezanaca, paket rezerviranog ulja, za prženje
- 1 velika glavica luka Vidalia, na kolutove

UPUTE:

a) Uzmite veliku zdjelu za miješanje: u njoj umutite brašno, jaja, pivo, prstohvat soli i papra.
b) Nabavite procesor hrane: prerežite jedan ramen na pola i obradite ga u njemu dok ne postane samljeven. Dodajte ga u smjesu od brašna i dobro ih promiješajte. Drugi ramen sitno zdrobite i stavite u plitku posudu. Dodajte mu paketić začina i dobro ih promiješajte.
c) Stavite veliku tavu na srednje jaku vatru. Napunite 3/4 inča uljem i zagrijte ga.
d) Kolutove luka premažite tijestom od brašna i umočite u smjesu za mljevene rezance. Stavite ih u zagrijano ulje i pecite dok ne porumene.
e) Poslužite kolutove luka uz omiljeni umak.
f) Uživati.

15. Japanski ljuti bijeli umak

SASTOJCI:
- 2 ¼ šalice japanske majoneze
- 1 ¼ žličice češnjaka u prahu
- 1 šalica. Kečap
- 1 žlica paprike
- 3 ¼ žlice šećera
- 2 žličice luka u prahu
- 1 ¼ žličice kajenskog papra
- 1 žličica morske soli
- 1 ½ žličice sriracha umaka
- 1 šalica. voda

UPUTE:
a) U čistu veliku zdjelu ulijte sve sastojke
b) Promiješajte i dobro tucite dok ne bude bez grudica
c) Ostavite ga u hladnjaku dok ne budete spremni za upotrebu
d) Poslužite uz rižu, tjesteninu ili preljev za salatu od povrća

16.Japanski zalogaji lososa i krastavca

SASTOJCI:
- 1 krastavac. Hrabro narezano
- ½ funte fileta lososa
- 1 ¼ žličice soja umaka
- 2 žlice mladog luka. Fino mljeveno
- 1 žličica mirina
- 1 Ichimi togarashi (japanska čili papričica)
- 1 žličica sezamovog ulja
- ½ žličice sjemenki crnog sezama

UPUTE:
a) U maloj zdjeli za miješanje pomiješajte losos, sojin umak, mladi luk, sezamovo ulje i mirin.
b) Stavite kriške krastavca na tanjur, na njih žlicom stavite kuglicu lososa i pospite preostali mladi luk i sjemenke sezama

17. Japanska keto-bamija zdjela

SASTOJCI:
- 2 prsta bamije
- 2 žlice soja umaka
- 2 žlice palamida
- 2 žlice swerve/monk fruit
- 2 žlice vode
- 2 žlice sakea
- 2 žličice sjemenki sezama, prženih
- 2 žlice palamida

UPUTE:
a) Zakuhajte 2 šalice vode na ploči za kuhanje
b) U drugu posudu za kuhanje umiješajte soja umak, palamide, 2 žličice vode, sake, zaokrenite i pirjajte 1 minutu
c) Vratite u vodu koja sada kipuće i ubacite bamiju, kuhajte 3 minute ili dok ne omekša
d) Ocijedite i nasjeckajte na debele ploške
e) Narezanu bamiju stavite u zdjelu i prelijte umakom
f) Ukrasite sjemenkama sezama i palamidom

18. Japanski ljetni sendviči

SASTOJCI:
- Kriške kruha, šest
- Jagoda, jedna šalica
- Šlag, jedna šalica

UPUTE:
a) Prvo morate pripremiti kruh.
b) Ili istucite pola šalice vrhnja za šlag u zdjeli dok ne postane čvrst i ravnomjerno rasporedite po kruhu.
c) Zatim operite, odrežite peteljke i svaku jagodu prepolovite po sredini.
d) Vaš sendvič je spreman za posluživanje.

19.Nori kokice od algi

SASTOJCI:
- Sjemenke crnog sezama, jedna žlica
- Smeđi šećer, jedna žlica
- Sol, pola žličice
- Kokosovo ulje, pola žličice
- Zrna kokica, pola šalice
- Maslac, dvije žlice
- Nori pahuljice morske alge, jedna žlica

UPUTE:
a) U tučku i mužaru sameljite pahuljice nori alge, sjemenke sezama, šećer i sol u fini prah.
b) Otopite kokosovo ulje u velikom loncu s debelim dnom.
c) Dodati zrna kokica, poklopiti i kuhati na srednje jakoj vatri dok ne popucaju.
d) Odmah dodajte ostatak kukuruza nakon što se kukuruz otvori, vratite poklopac i kuhajte, povremeno protresajući posudu dok sva zrna ne iskoče.
e) Premjestite poskočeni kukuruz u veliku zdjelu i prelijte otopljenim maslacem, ako ga koristite.
f) Pospite preko svoje slatke i slane nori mješavine i rukama dobro promiješajte dok svaki komad ne bude obložen.
g) Prelijte preostalim sjemenkama sezama.

20. Marinirane gljive od soje

SASTOJCI:
- 4 paketa enoki gljiva ili gljiva po želji
- 2 žlice soja umaka
- 3 žlice suncokretovog ulja
- 3 žlice rižinog octa
- 3 žlice mitsube . Lijepo nasjeckano
- 2 crvene čili papričice.
- Košer soli
- 2 žlice zelenog shisoa. Sitno nasjeckan

UPUTE:
a) Na laganoj vatri ulijte ulje u lonac i zagrijte ga
b) Na vruće ulje dodajte gljive i pržite dok ne upije svo ulje
c) Ugasite vatru i umiješajte sojin umak, ocat, shiso, mitsubu , sol i papar.
d) Ohlađeno poslužite ili ostavite u hladnjaku.

21. Hrskave shishito papričice

SASTOJCI:
- 1 šalica shishito paprike
- 2 žlice biljnog ulja
- Morska sol, po ukusu
- Kriške limuna za posluživanje

UPUTE:
a) Zagrijte biljno ulje u tavi na srednje jakoj vatri.
b) Dodajte shishito papričicu i pirjajte dok ne nabubri i postane hrskava.
c) Pospite morskom soli i poslužite s kriškama limuna.

22. Yakitori ražnjići u hokaido stilu

SASTOJCI:
- 1 šalica čvrstog tofua, narezanog na kockice
- 1 šalica gljiva (shiitake ili šampinjona), cijelih ili prepolovljenih
- 1 šalica cherry rajčica
- 1/2 šalice soja umaka
- 1/4 šalice mirina
- 2 žlice šećera
- Drveni ražnjići, natopljeni vodom

UPUTE:
a) Na ražnjiće nanizati tofu, gljive i cherry rajčice.
b) U loncu pomiješajte sojin umak, mirin i šećer. Pirjati dok se malo ne zgusne.
c) Ražnjiće ispecite na roštilju ili pecite, premažući ih umakom dok se ne karameliziraju.

23. Okonomiyaki (japanske palačinke)

SASTOJCI:
- 1 šalica nasjeckanog kupusa
- 1/4 šalice naribane mrkve
- 2 žlice nasjeckanog mladog luka
- 1/2 šalice višenamjenskog brašna
- 1/2 šalice vode
- 1 žlica soja umaka
- 1 žlica biljnog ulja
- Majoneza i okonomiyaki umak za preljev

UPUTE:
a) U zdjeli pomiješajte kupus, mrkvu, mladi luk, brašno, vodu i soja umak.
b) Zagrijte biljno ulje u tavi i rasporedite tijesto u oblik palačinke.
c) Pecite dok obje strane ne porumene.
d) Prelijte majonezom i okonomiyaki umakom prije posluživanja.

GLAVNO JELO

24. Hot Pot od morskih plodova Hokkaido (Ishikari Nabe)

SASTOJCI:
- 4 šalice dashija (japanska juha)
- 1/4 šalice miso paste
- 1/2 šalice sakea
- 2 žlice soja umaka
- 1 žlica mirina
- 1/2 funte fileta lososa, narezanog na komade
- 1/2 funte jakobovih kapica
- 1/2 funte škampa, oguljenih i očišćenih
- 1/2 funte tofua, narezanog na kockice
- 1 šalica narezanih Hokkaido gljiva (kao što su shiitake ili enoki)
- 1 šalica Napa kupusa, narezanog na ploške
- 1/2 šalice narezanog Hokkaido zelenog luka
- Kuhana Hokkaido riža kratkog zrna za posluživanje

UPUTE:

a) U loncu kuhajte dashi na srednjoj vatri.

b) U maloj posudi razrijedite miso pastu s malo vruće vode iz lonca dok ne postane glatka.

c) Umiješajte sake, sojin umak i mirin u miso pastu dok se dobro ne sjedine.

d) Dodajte miso smjesu u kuhani dashi i promiješajte da se sjedini.

e) U lonac dodajte losos, jakobove kapice, škampe, tofu, gljive i Napa kupus.

f) Pirjajte oko 10-15 minuta ili dok se plodovi mora ne skuhaju i povrće ne omekša.

g) Poslužite Hokkaido morski hot pot vruć s narezanim zelenim lukom posutim po vrhu i kuhanom rižom kratkog zrna sa strane.

25. Roštilj od janjetine u stilu Hokkaido Genghis Khan

SASTOJCI:
- 1 funta janjeće lopatice, tanko narezane
- 1 luk, narezan na ploške
- 2 češnja češnjaka, mljevena
- 1 žlica soja umaka
- 1 žlica sakea
- 1 žlica mirina
- 1 žlica šećera
- Posolite i popaprite po ukusu
- Hokkaido maslac za roštiljanje
- Hokkaido zeleni luk za ukras

UPUTE:
a) U zdjeli pomiješajte narezanu janjeću lopaticu, narezani luk, mljeveni češnjak, soja umak, sake, mirin, šećer, sol i papar. Marinirati najmanje 30 minuta.
b) Zagrijte roštilj ili gril tavu na srednje jakoj vatri.
c) Marinirane janjeće ploške nanizati na ražnjiće.
d) Ražnjiće pecite na roštilju 2-3 minute sa svake strane ili dok ne budu pečeni do željene spremnosti.
e) Tijekom pečenja na roštilju premažite hokkaido maslac na ražnjiće za dodatni okus.
f) Prije posluživanja ukrasite narezanim zelenim lukom.

26.Buta Don u hokaido stilu (zdjela svinjske riže)

SASTOJCI:
- 1 šalica kuhane Hokkaido riže kratkog zrna
- 1/2 funte svinjskog lungića, tanko narezanog
- 2 žlice soja umaka
- 2 žlice mirina
- 1 žlica sakea
- 1 žlica šećera
- 1/2 luka narezanog na tanke ploške
- 2 jaja
- Hokkaido zeleni luk za ukras

UPUTE:
a) U zdjeli pomiješajte soja umak, mirin, sake i šećer. Dodajte ploške svinjetine i marinirajte najmanje 15 minuta.
b) Zagrijte tavu na srednje jakoj vatri. Dodajte marinirane ploške svinjetine i kuhajte dok ne porumene i ne budu kuhane.
c) Izvadite svinjetinu iz tave i ostavite sa strane. U istu tavu dodajte narezani luk i kuhajte dok ne omekša.
d) U posebnoj zdjeli umutiti jaja.
e) Ulijte tučena jaja u tavu i kuhajte dok se ne stegne.
f) Za sastavljanje stavite kuhanu rižu u zdjelu. Na vrh stavite kuhane svinjske kriške, luk i kajganu.
g) Prije posluživanja ukrasite narezanim zelenim lukom.

27.Hokkaido Kani Miso Gratin (Crab Miso Gratin)

SASTOJCI:
- 1/2 funte kuhanog mesa Hokkaido snježnog raka
- 2 žlice miso paste
- 2 žlice majoneze
- 1/4 šalice Hokkaido mlijeka
- 1/4 šalice nasjeckanog Hokkaido sira (kao što je Cheddar ili Gouda)
- 1/4 šalice panko krušnih mrvica
- Hokkaido maslac za podmazivanje
- Hokkaido zeleni luk za ukras

UPUTE:
a) Zagrijte pećnicu na 400°F (200°C).
b) U zdjeli pomiješajte miso pastu, majonezu i Hokkaido mlijeko dok ne postane glatko.
c) Dodajte kuhano meso snježnog raka u miso smjesu i promiješajte da se sjedini.
d) Pojedinačne posude za pečenje premažite Hokkaido maslacem.
e) Ravnomjerno rasporedite smjesu za miso od rakova u posude za gratiniranje.
f) Svaku rešetku pospite nasjeckanim sirom i panko krušnim mrvicama.
g) Pecite u prethodno zagrijanoj pećnici 10-12 minuta ili dok vrh ne postane zlatan i mjehurić.
h) Prije posluživanja ukrasite narezanim zelenim lukom.

28. Ramen s pečenim crvenim miso povrćem

SASTOJCI:
ZA ČORBU:
- 2 žlice. biljno ulje
- 1 srednji žuti luk, nasjeckan
- 1 veća mrkva, oguljena i narezana na ploške
- 10 češnjeva češnjaka, oguljenih i izgnječenih
- 14" komadić đumbira, narezan na ploške
- Košer soli
- 5 oz. svježe shiitake gljive (peteljke uklonjene, klobuci sačuvani)
- 2 segmenta (3") kombu
- 0,5 oz. sušene shiitake gljive
- 2 glavice baby bok choya, narezane na četvrtine
- 6 zelenih luka, nasjeckanih
- 4 šalice temeljca od povrća

ZA PEČENI CRVENI MISO POVRĆE:
- 6 oz. baby portobello gljive, narezane na četvrtine
- 5 oz. klobuci shiitake gljiva (rezervirani iz juhe)
- 1 velika mrkva, tanko narezana
- 2 glavice baby bok choya, narezane na četvrtine
- 0,5 šalice oljuštenog edamama
- 1 žlica. crvena miso pasta
- 2 češnja češnjaka, nariban
- 1 žličica đumbir, naribani
- 2 glavice luka, bijeli dijelovi mljeveni, zelje narezano na tanke ploške i sačuvano
- 1 žlica. biljno ulje
- Košer soli

ZAVRŠITI:
- 0,25 šalice soja umaka
- 0,25 šalice mirina
- 1 žlica. prženih sjemenki sezama
- 1 paket (10 unci) suhih ramen pšeničnih rezanaca
- sezamovo ulje
- sezam
- Zeleni luk

UPUTE:
NAPRAVITE ČORBU:
a) Zagrijte biljno ulje u velikoj pećnici na srednje jakoj vatri. Dodajte luk, mrkvu, đumbir, češnjak i prstohvat soli. Kuhajte 7 minuta dok povrće ne dobije boju.
b) Dodajte stabljike shiitake, kombu, sušene shiitake gljive, bok choy i zeleni luk. Ulijte temeljac od povrća i 4 šalice vode. Zakuhajte, pa poklopljeno kuhajte na laganoj vatri 25 minuta.
c) Procijedite juhu kroz fino cjedilo u veliku zdjelu, istiskujući tekućinu iz povrća. Odbacite čvrste tvari. Vratite juhu u nizozemsku pećnicu, začinite solju po ukusu.

NAPRAVITE PEČENO MISO POVRĆE:
d) Zagrijte pećnicu na 425°F. U zdjeli pomiješajte miso pastu, ulje, zeleni luk, đumbir i naribani češnjak.
e) Mrkvu i gljive zasebno umiješajte u miso smjesu. Prebacite u lim za pečenje obložen folijom, ostavljajući prostora za bok choy i edamame. Pecite 5 minuta.
f) U zasebnoj zdjeli prelijte bok choy i edamame s uljem, začinite solju. Dodajte u lim za pečenje i pecite još 15 minuta dok sve povrće ne omekša i ne porumeni.

SASTAVI:
g) Skuhajte ramen rezance prema uputama na pakiranju, zatim ih ocijedite.
h) U maloj posudi umutite mirin i soja umak.
i) U svaku zdjelu dodajte 1,5 šalicu vruće juhe, rezance i na vrh stavite mrkvu, gljive i bok choy. Prelijte mješavinom soje i mirina.
j) Prije posluživanja ukrasite pečenim edamamom, zelenim lukom, sezamovim uljem i sjemenkama sezama.

29. Japanski Teriyaki Zoodles Stir Fry

SASTOJCI:
- 2 žlice biljnog ulja
- 1 srednji luk, narezan na tanke ploške
- 2 srednje tikvice, narezane na tanke trakice
- 2 žlice teriyaki umaka
- 1 žlica soja umaka
- 1 žlica prženih sjemenki sezama
- mljeveni crni papar

UPUTE:
a) Stavite veliku tavu na srednje jaku vatru. Zagrijte ulje u njemu. Dodajte luk i kuhajte ga 6 minuta.
b) Umiješajte tikvice i kuhajte ih 2 minute. Dodajte preostale sastojke i kuhajte ih 6 minuta. Poslužite svoju prženicu odmah. Uživati.

30.Slatki ramen s tofuom

SASTOJCI:
- 1 paket ramen rezanaca
- 2 šalice vode
- 2 žlice biljnog ulja
- 3 kriške tofua debljine 1/4 inča
- 2 šalice klica soje
- 1/2 manje tikvice, tanko narezane
- 2 zelena luka, narezana na ploške
- 1/2 šalice mahuna slatkog zelenog graška
- brašno
- začinska sol
- sezamovo ulje

UPUTE:
a) Svaki komad tofua narežite na 3 komada. Pospite ih malo brašna. Stavite veliku tavu na srednje jaku vatru. U tome zagrijte 1 žlicu ulja.
b) U njemu kuhajte tofu 1 do 2 minute sa svake strane. Ocijedite ga i stavite sa strane. Zagrijte malo ulja u istoj tavi. Pirjajte u njemu povrće 6 minuta. Stavite ih na stranu.
c) Skuhajte rezance. Umiješajte paketić začina.
d) Stavite veliku tavu na srednje jaku vatru. Zagrijte u njemu malo ulja.
e) Kuhajte u njemu klice graha 1 minutu.
f) Na dno zdjele za posluživanje poslažite pržene klice graha. Prelijte ga ramenom, kuhanim povrćem i tofuom. Poslužite ih vruće. Uživati.

31. Shoyu Ramen

SASTOJCI:
- Chashu, jedna šalica
- Nitamago , prema potrebi
- Shiitake, po potrebi
- La- yu , prema potrebi
- Nori, pola šalice
- Ramen, četiri pakiranja
- Dashi, pola šalice

UPUTE:
a) U loncu slane kipuće vode kuhajte ramen, miješajući hvataljkama ili štapićima dok ne bude kuhan, otprilike jednu minutu.
b) U malom loncu na srednje jakoj vatri zagrijte dashi i shiitake dok ne zakuhaju.
c) Kuhajte jednu minutu i maknite s vatre.
d) Shiitake ostavite sa strane.
e) Dodajte dashi i rezance u zdjelu za posluživanje.
f) Na vrh stavite chashu, nitamago , shiitake, zeleni luk, malo la- yu i nori, po želji.

32. Mišo Ramen

SASTOJCI:
- Miso pasta, 1 žlica
- Pomiješajte povrće, 1 kupa
- Ramen, 2 pakiranja
- Soja umak, 1 žlica

UPUTE:
a) Skuhajte ramen, a povrće prokuhajte.
b) Sada pomiješajte sve preostale sastojke i poslužite vruće.

33.Ramen rezanci

SASTOJCI:
- Ramen rezanci, dva pakiranja
- Miso pasta, dvije žlice
- Soja umak, jedna žlica

UPUTE:
a) Pomiješajte sve sastojke i dobro kuhajte desetak minuta.
b) Vaše jelo je spremno za posluživanje.

34. Instant Ramen

SASTOJCI:
- Instant ramen rezanci, dva pakiranja
- Instant mješavina začina, dvije žlice
- Voda, tri šalice

UPUTE:
a) Sve sastojke pomiješajte i kuhajte desetak minuta.
b) Vaše jelo je spremno za posluživanje.

35. Kimchee rezanci

SASTOJCI:
- 1 1/2 šalice kimcheeja
- 1 (3 oz.) paket instant ramen rezanaca s orijentalnim okusom
- 1 (12 oz.) paket Spam, kockica
- 2 žlice biljnog ulja

UPUTE:
a) Skuhajte rezance prema uputama na pakiranju. Stavite tavu na srednju vatru. Zagrijte ulje u njemu. Pirjajte u njemu spam komade 3 minute.
b) Umiješajte rezance nakon što ih ocijedite i kuhajte ih još 3 minute.
c) Umiješajte kimchee i kuhajte ih 2 minute. poslužite svoje rezance toplo.

36. Vrući hitac Ramena

SASTOJCI:
- 1 1/2 šalice vode
- 1 manja glavica žutog luka sitno narezana
- 1 rebro celera narezano na sitne kockice
- 6 mladih mrkvi, julienne
- 1 (3 oz.) pakiranja ramen rezanaca, izlomljenih
- 1 (5 1/2 oz.) konzerva sardina u umaku od rajčice
- 2-3 crtice ljutog umaka

UPUTE:
a) Stavite veliki lonac s vodom na srednju vatru. Umiješajte vodu, luk, celer i mrkvu. Kuhajte ih 12 minuta. Umiješajte rezance i kuhajte ih 3 do 4 minute.
b) U lonac umiješajte srdele s rajčicom i ljuti umak. Poslužiti vruće s vašim omiljenim dodacima.

37. Ramen večera

SASTOJCI:
- 1 (6 oz.) konzerva tune u biljnom ulju
- 1 (3 oz.) paket ramen rezanaca, bilo kojeg okusa
- 1/2 šalice smrznutog miješanog povrća

UPUTE:
a) Stavite veliku tavu na srednje jaku vatru. Zagrijte u njemu malo ulja.
b) Tunjevinu kuhajte 2 do 3 minute.
c) Ramen rezance pripremite prema uputama na pakiranju s povrćem.
d) Izvadite rezance i povrće iz vode i prebacite ih u tavu. U njih umiješajte paketić začina i kuhajte ih 2 do 3 minute.
e) Poslužite svoju ramen tunu toplu.

38. Slatko i začinjeno prženje ramena

SASTOJCI:
- 1 (14 oz.) pakiranje ekstra čvrstog tofua, narezanog na kocke
- 8 žličica soja umaka
- 2 žlice biljnog ulja
- 8 oz. shiitake gljive, tanko narezane
- 2 žličice azijskog čili umaka
- 3 češnja češnjaka, mljevena
- 1 žlica naribanog svježeg đumbira
- 3 1/2 šalice juhe
- 4 (3 oz.) paketa ramen rezanaca, paketi odbačeni
- 3 žlice jabukovače octa
- 2 žličice šećera
- 1 (6 oz.) vrećica mladog špinata

UPUTE:
a) Upotrijebite nekoliko papirnatih ručnika da osušite tofu.
b) Uzmite zdjelu za miješanje: umiješajte tofu s 2 žličice soja umaka.
c) Stavite veliku tavu na srednje jaku vatru. U tome zagrijte 1 žlicu ulja. U njemu pirjajte tofu 2 do 3 minute sa svake strane, zatim ga ocijedite i stavite sa strane.
d) U istoj tavi zagrijte ostatak ulja. U njemu pirjajte gljive 5 minuta. Dodajte čili umak, češnjak i đumbir. Neka se kuhaju 40 sekundi.
e) Zdrobite ramen na komade. Umiješajte u tavu s juhom i kuhajte ih 3 minute ili dok ramen nije gotov.
f) Dodajte 2 žlice soja umaka, ocat i šećer. Dodajte špinat i kuhajte ga 2 do 3 minute ili dok ne omekša.
g) Složite tofu u rezance pa ga poslužite toplog.

39. Ramen s čilijem i kokosom

SASTOJCI:
- 1 (3 oz.) pakiranje ramen rezanaca
- 2 žlice maslaca od kikirikija
- 1 žličica soja umaka s niskim sadržajem natrija
- 1 1/2 žličice umaka od čilija i češnjaka
- 2-3 žlice vruće vode
- 2 žlice zaslađenog kokosovog oraha

Ukrasiti
- cvjetić brokule
- kikiriki
- narendanu mrkvu

UPUTE:
a) Pripremite rezance prema uputama na pakiranju dok bacite paketić začina.
b) Uzmite veliku zdjelu za miješanje: tucite u njoj maslac od kikirikija, pola paketića začina, soja umak, umak od čilija i češnjaka, 2-3 žlice vruće vode dok ne postanu glatki.
c) Dodajte rezance u zdjelu i bacite ih da se premazuju. Poslužite svoje rezanci.
d) Uživati.

40. Ramen prženje od zelenog graha

SASTOJCI:
- 1 1/2 lbs svježeg zelenog graha
- 2 (3 oz.) paketa ramen rezanaca
- 1/2 šalice biljnog ulja
- 1/3 C. prženi badem
- soli, po potrebi
- crni papar, po potrebi

UPUTE:
a) Zelene mahune odrežite i narežite na komade od 3 do 4 inča. Zelene mahune stavite u kuhalo na pari i kuhajte dok ne omekšaju.
b) Uzmite veliku tavu. Umiješajte ulje s 1 paketom začina.
c) Zdrobite 1 paketić rezanaca i umiješajte u tavu. Dodajte mahune kuhane na pari i kuhajte ih 3 do 4 minute.
d) Prilagodite začine svom prženju i poslužite ga toplo.

41. Ramen Seul

SASTOJCI:
- 1 srednji krumpir
- 1 paket ramen rezanaca
- 1 mladi luk, narezan (po želji)
- 1 veliko jaje, istučeno

UPUTE:
a) Odbacite koru krumpira i narežite ga na male kockice.
b) Rezance pripremiti prema uputama na pakiranju i dodati krumpir u lonac s 1/4 vode.
c) Promiješajte paketić začina i kuhajte ih za krumpir dok ne omekša.
d) Pomiješajte zeleni luk u lonac i kuhajte dok ramen ne bude gotov. U juhu dodajte jaja uz cijelo vrijeme miješanja dok se ne skuhaju.
e) Juhu poslužite toplu.

42. Promiješajte prženo povrće i ramen

SASTOJCI:
- 4-5 stabljika bok choya, izrezanih na komade od 2 inča
- 3 mrkve, narezane na ploške
- 2 zelene paprike, narezane na tanke ploške
- 1 pakiranje ramen rezanaca, kuhanih
- 1 šalica svježih klica graha
- 1 limenka bebi kukuruznih grumena, ispranih
- 1 šalicu teriyakija premažite i glazurom
- 1 žlica biljnog ulja
- 1 šalica vode

UPUTE:
a) Dodajte malo ulja u neprianjajuću tavu i kuhajte mrkvu, papriku i narezani bok choy 3 minute.
b) Dodajte malo vode s klicama graha i kukuruzom, kuhajte 3-4 minute.
c) Sada dodajte teriyaki i dobro promiješajte. Pirjati 4 minute.
d) Poslužite i uživajte.

43. Pečeno povrće s ramenom

SASTOJCI:
- 2 paketa kuhanih rezanaca
- 2 mrkve, oguljene, narezane na ploške
- 1 šalica brokule, cvjetići
- 2 pakiranja mješavine začina za rezance
- 3 stabljike celera, obrezane
- 1 crvena paprika, narezana na ploške
- 1 šalica nasjeckanih gljiva
- 1 glavica luka nasjeckana
- Sol, po ukusu
- 1 žličica đumbira, mljevenog
- ¼ žličice češnjaka, mljevenog
- 2 žlice biljnog ulja
- 2 žlice octa
- 2 žlice soja umaka

UPUTE:
a) Zagrijte malo ulja u tavi i pržite luk s đumbirom i češnjakom 1-2 minute.
b) Dodajte svo povrće i pržite uz miješanje 4-5 minuta.
c) Dodajte malo začina i soja umak, dobro promiješajte da se sjedini.
d) Dodajte nekoliko kapljica vode i kuhajte poklopljeno 6 minuta na laganoj vatri.
e) Sada dodajte rezance i ocat, promiješajte da se sjedine.
f) Uživati.

44. Crvena paprika Limeta Ramen

SASTOJCI:
- 4 žlice soja umaka
- 2 žličice sambal oelek
- 1 žlica meda
- 2 žličice rižinog octa
- 2 žličice sezamovog ulja
- 4 žličice soka od limete
- 1 žličica biljnog ulja
- 2 žlice đumbira, mljevenog
- 1 luk, narezan na ploške
- 1 šalica crvene paprike, narezane na ploške
- ¼ šalice svježe nasjeckanog lišća cilantra
- 2 velika vezica mladog luka, nasjeckanog
- 2 paketa rezanaca, kuhanih sa začinima
- sol za začin

UPUTE:
a) Zagrijte malo ulja u tavi i pržite đumbir dok ne zamiriše.
b) Dodajte papriku i pržite uz miješanje 4-5 minuta ili dok se dobro ne zapeče.
c) Sada dodajte sve začine, sol, soja umak i sambal oelek, dobro promiješajte.
d) Dodati i malo luka i miješajući pržiti 3-4 minute.
e) Dodajte rezance, sok limete, med, ocat i sezamovo ulje, promiješajte da se sjedini.
f) Prebacite u posudu za posluživanje i nadjenite zeleni luk.

JUHE

45. Kenchinjiru (japanska juha od povrća)

SASTOJCI:
ZA DASHI:
- 1 komad kombu (sušene alge) (4 x 4 inča, 10 x 10 cm po komadu)
- 5 šalica vode (za kombu)
- 3 sušene shiitake gljive
- 1 šalica vode (za shiitake)

ZA JUHU:
- Čvrsti tofu od 7 oz (½ bloka od 14 oz)
- ½ pakiranja konnyaku (konjac) (4,6 oz, 130 g)
- 7 oz daikon rotkvica (2 inča, 5 cm)
- 3,5 oz mrkve (1 srednja mrkva)
- 3 komada taro (satoimo)
- 3,5 oz gobo (korijen čička) (½ gobo)

ZA ZAČINE:
- 1 žlica prženog sezamovog ulja
- 3 žlice sakea
- ½ žličice Diamond Crystal košer soli
- 2 žlice soja umaka

ZA UKRAŠAVANJE:
- 2 zelena luka / mladi luk
- Shichimi togarashi (sedam japanskih začina) (po želji)
- Japanski sansho papar (po želji)

UPUTE:
ZA PRIPREMU:
a) Prošla noć: Nježno očistite 1 komad kombu (sušene alge) vlažnim ručnikom. Potopite kombu u 5 šalica vode preko noći. Ako nemate vremena, preskočite namakanje.
b) Polako zakuhajte kombu vodu. Neposredno prije nego što voda zavrije, izvadite i bacite kombu. Ugasite vatru i ostavite sa strane.
c) Stavite 3 suhe shiitake gljive u malu zdjelu i prelijte 1 šalicom vode. Stavite manju posudu na vrh kako biste bili sigurni da su gljive potopljene.
d) Zamotajte čvrsti tofu od 7 oz papirnatim ručnikom i stavite ga na tanjur. Na vrh staviti drugi tanjur da pritisne tofu, ocijediti 30 minuta.

e) Narežite ½ pakiranja konnyakua (konjac) na komade veličine zalogaja. Kuhajte 2-3 minute da nestane mirisa. Ocijedite vodu i ostavite sa strane.
f) Ogulite i narežite 7 oz daikon rotkvice, 3,5 oz mrkve i 3 komada taroa (satoimo) na kriške. Namočite satoimo u vodu kako biste uklonili sluzavu teksturu.
g) Ostružite kožu goboa (korijena čička) od 3,5 oz pod mlazom vode. Narežite ga na tanke ploške. Namočite u vodi 5 minuta i ocijedite.
h) Kada shiitake omekšaju, iscijedite tekućinu i ostavite ih sa strane. Procijedite shiitake dashi u fino sito kako biste uklonili čestice i ostavite sa strane.

ZA KUHANJE KENCHINJIRUA:
i) Zagrijte veliki lonac i dodajte 1 žlicu prženog sezamovog ulja. Pirjajte daikon, mrkvu, taro (satoimo), gobo (korijen čička) i konnyaku dok se ne prekriju uljem.
j) Dodajte shiitake gljive i narezani tofu. Pirjajte dok se svi sastojci ne pokapaju uljem.
k) Dodajte shiitake dashi i kombu dashi. Pustite da prokuha.
l) Smanjite vatru da lagano krčka. Kuhajte 10 minuta uz povremeno brisanje da se skine pjena.
m) Nakon 10 minuta dodajte 3 žlice sakea i ½ žličice Diamond Crystal košer soli. Nastavite kuhati dok povrće ne omekša. Na kraju dodajte 2 žlice soja umaka.

SERVIRATI:
n) Neposredno prije posluživanja narežite na tanke ploške 2 glavice mladog luka.
o) Poslužite juhu i ukrasite mladim lukom. Po želji pospite shichimi togarashi i japanskim sansho paprom ako volite ljuto.
p) Ostatke držite u hermetički zatvorenoj posudi ili loncu i čuvajte u hladnjaku.

46. Japanska juha od jama i kelja

SASTOJCI:
- 2 češnja češnjaka
- 1 luk
- 1 japanski jam
- 2 oz kovrčavog kelja
- 1 jalapeno
- 1 klasje kukuruza
- 1 limenka cannellini graha
- 2 pakiranja koncentrata juhe od povrća
- ½ žličice kumina
- 1 žlica origana
- 1 žlica maslinovog ulja
- Sol i papar

UPUTE:
PRIPREMITE POVRĆE:
a) Nasjeckajte češnjak.
b) Ogulite i narežite luk na kockice.
c) Narežite japanski jam (ne treba guliti).
d) Kelj očistite od peteljki i tanko narežite listove.
e) Jalapeño odrežite, očistite od sjemenki i nasjeckajte.
f) Uklonite ljusku s kukuruza i izrežite zrna kukuruza iz klipa.
g) Cannellini grah ocijedite i isperite.

POKRENI JUHU:
h) Stavite veliki lonac na srednje jaku vatru s 1 žlicom maslinovog ulja.
i) Kad se ulje zagrije, dodajte nasjeckani češnjak, luk narezan na kockice, jalapeño i prstohvat soli.
j) Kuhajte dok ne zamiriše, oko 2 do 3 minute.
k) U lonac za juhu dodajte batat narezan na kockice, zrna kukuruza, grah cannellini, juhu od povrća, kumin, origano, 3 šalice vode, 1/4 žličice soli i prstohvat papra.
l) Pustite da zavrije, poklopite i kuhajte dok japanski batat ne omekša poput vilice, oko 10 do 12 minuta.
m) U juhu dodajte narezani kelj i promiješajte.
n) Ulijte japanski batat i juhu od kelja između velikih zdjela.

47. Nori juha s rezancima

SASTOJCI:
- 1 (8 oz.) pakiranje suhih soba rezanaca
- 1 šalica pripremljenog dashi temeljca
- 1/4 C. soja umak
- 2 žlice mirina
- 1/4 žličice bijelog šećera
- 2 žlice sjemenki sezama
- 1/2 šalice nasjeckanog mladog luka
- 1 list nori (sušene morske trave), narezan na tanke trakice (po želji)

UPUTE:
a) Skuhajte rezance prema uputama na pakiranju. Ocijedite ga i ohladite s malo vode.
b) Stavite mali lonac na srednju vatru. Umiješajte dashi, sojin umak, mirin i bijeli šećer. Kuhajte dok ne počne ključati.
c) Isključite vatru i ostavite smjesu da izgubi toplinu 27 minuta. Sezamove sjemenke s rezancima rasporedite po zdjelicama za posluživanje i zalijte temeljcem.
d) Ukrasite zdjelice za juhu norijem i zelenim lukom.
e) Uživati.

48. Ramen juha od gljiva

SASTOJCI:
- 2 šalice gljiva, narezanih na ploške
- 2 paketa ramen rezanaca
- 1 žličica crnog papra
- 2 žlice ljutog umaka
- 2 žlice soja umaka
- 1 žlica Worcestershire umaka
- ¼ žličice soli
- 3 šalice juhe od povrća
- 1 glavica luka nasjeckana
- 2 žlice čili umaka
- 2 žlice ulja od kikirikija

UPUTE:
a) Zagrijte ulje u loncu i pržite gljive 5-6 minuta na srednjoj vatri.
b) Dodajte juhu, sol, papar, ljuti umak, Worcestershire umak, luk i soja umak, dobro promiješajte. Prokuhajte nekoliko minuta.
c) Dodajte rezance i kuhajte 3 minute.
d) Kad je gotovo prebacite u zdjelu za posluživanje i prelijte chili umakom.
e) Uživati.

49. Miso juha s tofuom i kupusom

SASTOJCI:
- 750 ml organskog pilećeg ili povrtnog temeljca
- komad đumbira od 3 cm
- 2 češnja češnjaka
- 1 svježi crveni čili
- ½ savojskog kupusa
- 1 mrkva
- 2 žlice miso paste
- soja umak s malo soli
- 100 g svilenog tofua

UPUTE:
a) Ulijte temeljac u tavu i zakuhajte.
b) Ogulite i nasjeckajte đumbir, ogulite i sitno narežite češnjak, zatim očistite sjemenke i nasjeckajte čili. Dodajte u temeljac, poklopite i pirjajte 5 minuta.
c) Kelj očistite od jezgre i narežite. Ogulite i julienne mrkvu, zatim dodajte u tavu, poklopite i pirjajte još 3 do 4 minute, ili dok kupus ne uvene.
d) Umiješajte miso pastu i dobru kapljicu soja umaka po ukusu.
e) Dodajte tofu i ostavite da odstoji nekoliko minuta prije posluživanja.

50. Miso juha s tofuom i algama

SASTOJCI:
- 4 šalice dashija
- 3 žlice miso paste
- 1/2 šalice tofua, narezanog na kockice
- 2 žlice wakame alge, rehidrirane
- 2 zelena luka, narezana na ploške

UPUTE:
a) Zagrijte dashi u loncu.
b) Otopite miso pastu u maloj količini dashija i dodajte je natrag u lonac.
c) Dodajte tofu i rehidrirane wakame alge.
d) Pirjajte 5 minuta, ukrasite narezanim zelenim lukom.

51. Juha od rezanaca sa špinatom i zelenim lukom

SASTOJCI:
- 6 šalica juhe od povrća
- 2 svežnja soba rezanaca
- 2 šalice svježeg špinata
- 4 zelena luka, narezana na ploške
- 1 žlica soja umaka
- 1 žlica mirina
- 1 žličica naribanog đumbira

UPUTE:
a) Skuhajte soba rezance prema uputama na pakiranju, zatim ih ocijedite.
b) U loncu zagrijte juhu od povrća sa soja umakom, mirinom i naribanim đumbirom.
c) Dodajte svježi špinat i narezani mladi luk.
d) Nakon što špinat uvene, dodajte kuhane soba rezance u juhu.

52.Udon juha s rezancima s tempura povrćem

SASTOJCI:
- 6 šalica juhe od povrća
- 2 pakiranja udon rezanaca
- Razno tempura povrće (batat, tikvice, brokula)
- 2 žlice soja umaka
- 1 žlica mirina
- 1 žlica rižinog octa
- Zeleni luk, narezan (za ukras)

UPUTE:
a) Skuhajte udon rezance prema uputama na pakiranju, zatim ih ocijedite.
b) U loncu zagrijte juhu od povrća sa sojinim umakom, mirinom i rižinim octom.
c) Pripremite tempura povrće prženjem ili pečenjem dok ne postane hrskavo.
d) Poslužite udon rezance u temeljcu, prelivene tempura povrćem i narezanim zelenim lukom.

53. Ramen juha s kukuruzom i Bok Choy

SASTOJCI:
- 4 šalice juhe od povrća
- 2 pakiranja ramen rezanaca
- 1 šalica narezanih shiitake gljiva
- 1 šalica narezanog boka choy
- 1 šalica kukuruznih zrna
- 1 žlica soja umaka
- 1 žlica miso paste
- 1 žličica sezamovog ulja

UPUTE:
a) Skuhajte ramen rezance prema uputama na pakiranju, zatim ih ocijedite.
b) U loncu zagrijte juhu od povrća sa soja umakom, miso pastom i sezamovim uljem.
c) Dodajte narezane shiitake gljive, bok choy i zrna kukuruza.
d) Pirjajte 5-7 minuta dok povrće ne omekša.
e) Poslužite ramen rezance u temeljcu.

54. Sojino mlijeko i juha od bundeve

SASTOJCI:
- 4 šalice nezaslađenog sojinog mlijeka
- 1 šalica bundeve, oguljene i narezane na kockice
- 1 glavica luka nasjeckana
- 2 žlice miso paste
- 1 žlica soja umaka
- 1 žlica sezamovog ulja
- 1 žličica ribanog češnjaka

UPUTE:
a) U loncu pirjajte luk na sezamovom ulju dok ne postane proziran.
b) Dodajte bundevu i nastavite kuhati nekoliko minuta.
c) Ulijte sojino mlijeko i zakuhajte.
d) Otopite miso pastu u maloj količini juhe i dodajte je natrag u lonac.
e) Začinite soja umakom i ribanim češnjakom. Pirjajte dok bundeva ne omekša.

55. Hokkaido Sukiyaki juha

SASTOJCI:
- 4 šalice juhe od povrća
- 1/4 šalice soja umaka
- 2 žlice mirina
- 2 žlice šećera
- 1 šalica tofua, narezanog na kriške
- 1 šalica shirataki rezanaca
- Razno povrće (Napa kupus, gljive, mladi luk)

UPUTE:
a) U loncu pomiješajte juhu od povrća, sojin umak, mirin i šećer.
b) Dodajte tofu, shirataki rezance i razno povrće.
c) Pirjajte dok povrće ne omekša.
d) Poslužite vruće uz kuhanu rižu.

56.Somen juha s rezancima

SASTOJCI:
- 6 šalica juhe od povrća
- 2 svežnja somen rezanaca
- 1 šalica graška, narezanog na tanke ploške
- 1 mrkva, julienned
- 1 žlica soja umaka
- 1 žlica rižinog octa
- Sjemenke sezama i narezani mladi luk za ukras

UPUTE:
a) Skuhajte somen rezance prema uputama na pakiranju, zatim ocijedite.
b) U loncu zagrijte juhu od povrća sa soja umakom i rižinim octom.
c) Dodajte narezani snježni grašak i julieniranu mrkvu.
d) Poslužite somen rezance u temeljcu, ukrašene sjemenkama sezama i narezanim mladim lukom.

57. Curry juha s rezancima

SASTOJCI:
- 3 mrkve, narezane na komade veličine zalogaja
- 1 mali luk, narezan na komade veličine zalogaja
- 3 žlice vode
- 1/4 C. biljno ulje
- 1/2 šalice višenamjenskog brašna
- 2 žlice višenamjenskog brašna
- 2 žlice crvenog karija
- 5 C. vrući povrtni temeljac
- 1/4 C. soja umak
- 2 žličice javorovog sirupa
- 8 oz. udon rezanci, ili više po ukusu

UPUTE:
a) Nabavite zdjelu otpornu na mikrovalnu: umiješajte vodu s mrkvom i lukom. stavite ih na poklopac i kuhajte ih na visokoj temperaturi 4 minute 30 sekundi .
b) Stavite lonac za juhu na srednju vatru. Zagrijte ulje u njemu. Dodajte tome 1/2 šalice plus 2 žlice brašna i pomiješajte ih da napravite tijesto.
c) Dodajte curry s vrućim temeljcem i kuhajte ih 4 minute uz cijelo vrijeme miješanja. Dodajte kuhani luk i mrkvu sa soja umakom i javorovim sirupom.
d) Kuhajte rezance prema uputama na pakiranju dok ne omekšaju.
e) Kuhajte juhu dok ne počne ključati. Umiješajte rezance i poslužite tvoja juha vruća.

58. Ramen juha s gljivama

SASTOJCI:
- 2 šalice listova špinata
- 2 paketa ramen rezanaca
- 3 šalice juhe od povrća
- 3-4 češnja češnjaka, mljevena
- ¼ žličice luka u prahu
- Sol i papar, po ukusu
- 1 žlica biljnog ulja
- ¼ šalice mladog luka, nasjeckanog
- 3-4 gljive nasjeckane

UPUTE:
a) Dodajte juhu od povrća, sol, ulje i češnjak u lonac i kuhajte 1-2 minute.
b) Sada dodajte rezance, gljive, mladi luk, špinat i crni papar, kuhajte 2-3 minute.
c) Uživajte vruće.

BUJON

59. Dashi bujon

SASTOJCI:
- 25 g shiitake gljiva (sušenih)
- 10 g kombua
- 1 litra vode

UPUTE:
a) Uzmite lonac s min. Zapremine 500 ml i stavite Shiitake hrpu u jedan lonac, a kombu u drugi.
b) Pustite oba lonca da prokuhaju i zatim ih ostavite da krčkaju 1 sat.
c) Na kraju procijedite sastojke i dodajte dva napitka zajedno.
d) U zdjelu za juhu staviti po 235 ml. Dodajte tjesteninu i dodatke po želji.

60. Umami juha od povrća

SASTOJCI:
- 2 žlice svijetle miso paste
- 2 žlice uljane repice
- 2 žlice vode
- 2 glavice luka (oguljene i sitno nasjeckane)
- 2 mrkve (oguljene i sitno nasjeckane)
- 4 stabljike celera (sitno nasjeckane)
- 1 komad poriluka (sitno nasjeckan)
- 1 lukovica komorača (sitno nasjeckanog)
- 5 korijena korijandera
- 1 glavica češnjaka (prepolovljena)
- ½ vezice ravnog peršina
- 5 suhih shiitake gljiva
- 20 g kombua
- 2 žličice soli
- 1 žličica crnog papra
- 2 lista lovora
- ½ žličice žutih sjemenki gorušice
- ½ žličice sjemenki korijandera
- 3,5 litara vode

UPUTE:
a) Pomiješajte miso pastu s uljem uljane repice i 2 žlice vode i ostavite sa strane.
b) Stavite povrće, kombu i shiitake gljive na lim za pečenje. Preko toga pokapajte izmiješanu miso pastu. Ostavite sve u pećnici 1 sat na 150°C. Između preokrenite.
c) Zatim pečeno povrće stavite u veliki lonac. Dodajte začine i zalijte vodom. Sve zakuhajte, smanjite vatru i ostavite da lagano kuha 1,5 sat.
d) U zdjelu za juhu staviti po 235 ml. Dodajte tjesteninu i dodatke po želji.

61. Hokkaido bistra juha od luka

SASTOJCI:
- 6 šalica juhe od povrća
- 2 glavice luka (narezane na kockice)
- 1 stabljika celera (na kockice)
- 1 mrkva (oguljena i narezana na kockice)
- 1 žlica češnjaka (mljevenog)
- ½ žličice đumbira (mljevenog)
- 1 žličica sezamovog ulja
- 1 šalica šampinjona (vrlo tanko narezanih)
- ½ šalice mladog luka (narezanog)
- po ukusu sol i papar
- po ukusu soja sos (po želji)
- po ukusu Sriracha (po želji)

UPUTE:
a) U loncu na malo ulja prodinstajte luk dok se malo ne karamelizira . Oko 10 minuta.
b) Dodajte mrkvu, celer, češnjak i đumbir, sezamovo ulje i juhu. Začinite po ukusu solju i paprom.
c) Pustite da zavrije i zatim kuhajte 30 minuta.
d) Procijedite povrće iz juhe.
e) U zdjelice dodajte šaku mladog luka i tanko narezane gljive. Nalijte juhu na vrh.
f) Po želji: dodajte malo soja umaka i sriracha po ukusu.

62. Miso jušni temeljac

SASTOJCI:
- 4 šalice dashija
- 3 žlice bijele ili crvene miso paste
- 1 šalica tofua, narezanog na kockice
- 1 šalica wakame alge, rehidrirane

UPUTE:
a) U loncu zagrijte dashi dok ne zavrije.
b) Otopite miso pastu u maloj količini dashija i dodajte je natrag u lonac.
c) Dodajte tofu i rehidrirane wakame alge.
d) Pirjajte oko 5 minuta dok se tofu ne zagrije. Nemojte kuhati nakon što se miso doda.

63.Juha na bazi sojinog umaka

SASTOJCI:
- 4 šalice vode ili juhe od povrća
- 1/4 šalice soja umaka
- 2 žlice mirina
- 1 žlica sakea (po želji)
- 1 žlica šećera
- 1 žličica naribanog đumbira

UPUTE:
a) U loncu pomiješajte vodu ili juhu od povrća, soja umak, mirin, sake, šećer i naribani đumbir.
b) Zakuhati i ostaviti da kuha 10-15 minuta.
c) Začine prilagodite svom ukusu.

64. Ramen juha od povrća

SASTOJCI:
- 6 šalica juhe od povrća
- 1 luk, narezan na ploške
- 3 češnja češnjaka, nasjeckana
- 1 mrkva, narezana na ploške
- 1 stabljika celera, nasjeckana
- 1 žlica soja umaka
- 1 žlica miso paste

UPUTE:
a) U loncu pirjajte luk, češnjak, mrkvu i celer dok ne omekšaju.
b) Dodajte juhu od povrća, sojin umak i miso pastu. Dobro promiješati.
c) Zakuhati i kuhati 15-20 minuta.
d) Procijedite juhu, odbacujući krutine.

65. Juha od gljiva Shiitake

SASTOJCI:
- 6 šalica vode ili juhe od povrća
- 1 šalica suhih shiitake gljiva
- 1 glavica luka, narezana na četvrtine
- 2 češnja češnjaka, zdrobljena
- 1 kombu (po želji)

UPUTE:
a) U loncu pomiješajte vodu ili juhu od povrća, sušene shiitake gljive, luk, češnjak i kombu.
b) Zakuhajte, a zatim smanjite vatru da lagano kuha. Kuhajte 20-30 minuta.
c) Procijedite juhu, odbacujući krutine.

66. Sesame Miso Broth

SASTOJCI:
- 4 šalice juhe od povrća
- 3 žlice bijele miso paste
- 2 žlice tahinija (pasta od sezama)
- 1 žlica soja umaka
- 1 žličica sezamovog ulja
- 1 mladi luk, nasjeckan

UPUTE:
a) U loncu zagrijte juhu od povrća dok ne zavrije.
b) U maloj zdjeli pomiješajte miso pastu, tahini, sojin umak i sezamovo ulje da dobijete glatku pastu.
c) Dodajte miso smjesu u vruću juhu, dobro promiješajte.
d) Pirjajte 5-7 minuta, ukrasite nasjeckanim zelenim lukom.

67. Začinjeni bujon od tofua i kimchija

SASTOJCI:
- 4 šalice dashija
- 1/2 šalice kimchija, nasjeckanog
- 1/2 šalice čvrstog tofua, narezanog na kockice
- 2 žlice gochujanga (korejska pasta od crvenog čilija)
- 1 žlica soja umaka
- 1 žličica sjemenki sezama

UPUTE:
a) U loncu pomiješajte dashi, kimchi, tofu, gochujang i soja umak.
b) Zakuhati i kuhati 10 minuta.
c) Prije posluživanja ukrasite sezamom.

68.Vegetarijanska juha Kotteri

SASTOJCI:
- 500 g butternut tikve (cca. 300 g oguljene i grubo narezane)
- 2 glavice luka (oguljene i nasjeckane)
- 3 češnja češnjaka (oguljena)
- 100 g svježih shiitake gljiva
- 6 suhih shiitake gljiva
- 6-8 g kombua
- 2 litre vode
- 2 žličice paprike u prahu
- 2 žlice đumbira (nasjeckanog)
- 75 ml sojinog umaka
- 4 WL miso paste
- 3 žlice rižinog octa
- 3 žlice kokosovog ulja
- 2 žličice soli
- maslinovo ulje

UPUTE:
a) Zagrijte pećnicu na 250°C.
b) Uzmite veliki lonac i zakuhajte oko 2 litre vode. Dodajte sušene shiitake gljive i kombu. Smanjite vatru i ostavite da se sve krčka oko 1 sat.
c) Bundevu, luk, češnjak i svježe shiitake gljive pomiješajte s malo maslinovog ulja i paprike te rasporedite po limu za pečenje.
d) Pecite povrće u pećnici oko 15
e) minuta. Smanjite temperaturu na 225°C i kuhajte još 15 minuta.
f) Nakon što je juha kuhana sat vremena, izvadite gljive i kombu te dodajte povrće i đumbir. Neka juha kuha 20 minuta sa zatvorenim poklopcem.
g) Juhu fino pasirajte.
h) Zatim dodajte miso pastu, sojin umak, rižin ocat, kokosovo ulje i sol te ponovno propasirajte juhu. Ako je potrebno, juha se može razrijediti vodom.
i) U zdjelu za juhu staviti po 235 ml. Dodajte tjesteninu i dodatke po želji.

69.Udon juha od rezanaca

SASTOJCI:
- 6 šalica juhe od povrća
- 1 šalica narezanih shiitake gljiva
- 1 šalica bok choya, nasjeckanog
- 2 žlice soja umaka
- 1 žlica mirina
- 1 žličica naribanog đumbira
- 8 oz udon rezanci, kuhani

UPUTE:
a) U loncu pomiješajte juhu od povrća, shiitake gljive, bok choy, sojin umak, mirin i naribani đumbir.
b) Pirjajte 15-20 minuta dok povrće ne omekša.
c) Podijelite kuhane udon rezance u zdjelice za posluživanje i prelijte ih vrućom juhom.

70.Bujon od zelenog čaja Hokkaido

SASTOJCI:
- 4 šalice vode
- 2 vrećice zelenog čaja
- 1 žlica soja umaka
- 1 žlica mirina
- 1 žličica naribane limunske trave
- 1 šalica nasjeckanog špinata

UPUTE:
a) Zakuhajte vodu i ostavite vrećice zelenog čaja 5 minuta.
b) Izvadite vrećice čaja i dodajte sojin umak, mirin i naribanu limunsku travu.
c) Dodajte nasjeckani špinat i pirjajte još 3-5 minuta.

71. Miso juha od gljiva od povrća

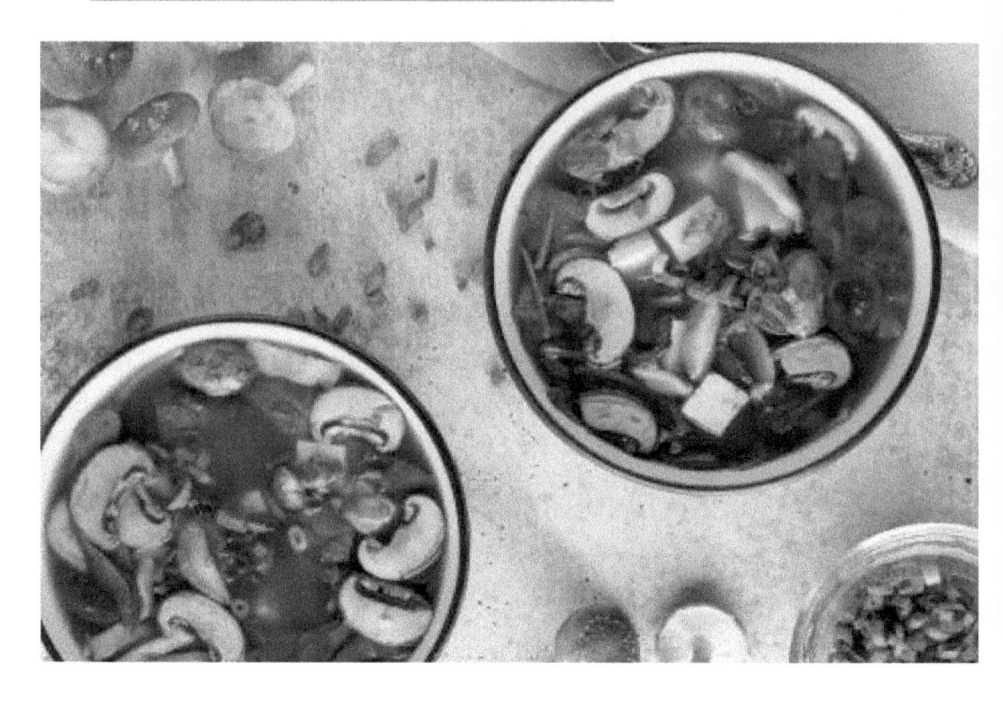

SASTOJCI:
- 5 šalica juhe od povrća
- 1/2 šalice suhih shiitake gljiva
- 1 šalica narezanih bukovača
- 3 žlice bijele miso paste
- 2 žlice soja umaka
- 1 žlica sezamovog ulja

UPUTE:
a) U loncu pomiješajte juhu od povrća, sušene shiitake gljive, bukovače, miso pastu, sojin umak i sezamovo ulje.
b) Pirjajte 20-25 minuta.
c) Prilagodite začine ako je potrebno prije posluživanja.

72.Juha od limunske trave od đumbira

SASTOJCI:
- 4 šalice juhe od povrća
- 2 žlice soja umaka
- 1 žlica miso paste
- 1 žlica naribanog đumbira
- 2 stabljike limunske trave, zdrobljene
- 1 mrkva, narezana na ploške
- 1 šalica snježnog graška, orezanog

UPUTE:
a) U loncu pomiješajte juhu od povrća, sojin umak, miso pastu, naribani đumbir i zgnječenu limunsku travu.
b) Dodati narezanu mrkvu i grašak.
c) Pirjajte 15-20 minuta dok povrće ne omekša.

73. Juha od šitake od kestena

SASTOJCI:
- 5 šalica vode
- 1 šalica suhih shiitake gljiva
- 1 šalica pečenih kestena, oguljenih
- 1 žlica soja umaka
- 1 žlica mirina
- 1 žličica sezamovog ulja

UPUTE:
a) U loncu pomiješajte vodu, sušene shiitake gljive, pečene kestene, sojin umak, mirin i sezamovo ulje.
b) Pirjajte 20-25 minuta.
c) Procijedite juhu, odbacujući krutine.

74.Juha od slatkog krumpira i kokosa

SASTOJCI:
- 4 šalice juhe od povrća
- 1 šalica batata, narezanog na kockice
- 1 limenka (14 oz) kokosovog mlijeka
- 2 žlice soja umaka
- 1 žlica javorovog sirupa
- 1 žličica curry praha

UPUTE:
a) U loncu pomiješajte juhu od povrća, slatki krumpir narezan na kockice, kokosovo mlijeko, sojin umak, javorov sirup i curry prah.
b) Pirjajte 15-20 minuta dok batat ne omekša.

75. Sake i juha od suhih gljiva

SASTOJCI:
- 4 šalice vode
- 1 šalica suhih shiitake gljiva
- 1 šalica suhih šampinjona
- 1/4 šalice soja umaka
- 2 žlice sakea
- 1 žlica rižinog octa

UPUTE:
a) U loncu pomiješajte vodu, sušene shiitake gljive, sušene gljive ušice, sojin umak, sake i rižin ocat.
b) Pirjajte 20-25 minuta.
c) Procijedite juhu, odbacujući krutine.

76.Juha s dodatkom wasabija i norija

SASTOJCI:
- 4 šalice juhe od povrća
- 1 žlica soja umaka
- 1 žlica miso paste
- 1 žlica rižinog octa
- 1 žličica wasabi paste
- 2 lista nori (morska trava), natrgana na komade

UPUTE:
a) U loncu pomiješajte juhu od povrća, sojin umak, miso pastu, rižin ocat, wasabi pastu i natrgani nori.
b) Kuhajte 15-20 minuta, dopustite da se okusi stope.
c) Procijedite juhu, odbacite komadiće norija.

77.Bistra juha od gljiva

SASTOJCI:
- 6 šalica vode
- 1 šalica narezanih shiitake gljiva
- 1 šalica narezanih enoki gljiva
- 1 šalica narezanih bukovača
- 1 mrkva, julienned
- 1 žlica soja umaka
- 1 žlica mirina
- 1 žlica sakea (po želji)
- 1 žličica sezamovog ulja

UPUTE:
a) U loncu zakuhajte vodu.
b) Dodajte shiitake, enoki, bukovače i mrkvu narezanu na julien.
c) Začinite soja umakom, mirinom, sakeom i sezamovim uljem.
d) Pirjajte 15-20 minuta dok povrće ne omekša.

SALATE

78. Salata od sezamovih algi

SASTOJCI:
- 1 šalica wakame alge, rehidrirane
- 1 žlica sezamovog ulja
- 1 žlica soja umaka
- 1 žlica rižinog octa
- 1 žličica šećera
- Sezamove sjemenke za ukras

UPUTE:
a) Pomiješajte rehidriranu algu wakame sa sezamovim uljem, sojinim umakom, rižinim octom i šećerom.
b) Prije posluživanja ukrasite sezamom.

79. Ramen salata od jabuka

SASTOJCI:
- 12 oz. cvjetovi brokule
- 1 (12 oz.) vrećica mješavine salate od brokule
- 1/4 C. sjemenke suncokreta
- 2 (3 oz.) paketa ramen rezanaca
- 3 žlice maslaca
- 2 žlice maslinovog ulja
- 1/4 C. narezani bademi
- 3/4 C. biljno ulje
- 1/4 C. smeđi šećer
- 1/4 C. jabučni ocat
- 1/4 C. zelenog luka, nasjeckanog

UPUTE:
a) Stavite veliku tavu na srednje jaku vatru. Zagrijte ulje u njemu.
b) Pritisnite ramen rukama da ga zgnječite. Promiješajte ga u tavi s bademima.
c) Kuhajte ih 6 minuta, a zatim stavite tavu na stranu.
d) Uzmite veliku zdjelu za miješanje: u nju ubacite brokulu, slatku brokulu i suncokrete. Dodajte smjesu za rezance i ponovno ih promiješajte.
e) Uzmite malu zdjelu za miješanje: pomiješajte u njoj biljno ulje, smeđi šećer, jabučni ocat i paket začina za rezance Ramen da napravite vinaigrette.
f) Pokapajte vinaigrette po cijeloj salati i promiješajte da se prekrije. Poslužite svoju salatu sa zelenim lukom na vrhu. Uživati.

80. Sambal Ramen salata

SASTOJCI:
- 1 (3 oz.) pakiranje ramen rezanaca
- 1 šalica kupusa, nasjeckanog
- 4 mladog luka, izrezana na komade od 1 inča
- 2-3 mrkve
- snježni grašak, juliened
- 3 žlice majoneze
- 1/2 žličice sambal oeleka ili sriracha
- 1-2 žličice soka od limuna
- 1/4 C. nasjeckanog kikirikija
- cilantro, nasjeckani

UPUTE:
a) Pripremite rezance prema uputama na pakiranju i kuhajte ih 2 minute. Izvadite ga iz vode i stavite sa strane da se ocijedi.
b) Uzmite malu zdjelu za miješanje: u njoj umutite majonezu, sambal olek i limunov sok da napravite umak
c) Uzmite veliku zdjelu za miješanje: u njoj pomiješajte kupus, mrkvu, mladi mladi luk, grašak, kuhani rezanci, umak od majoneze, prstohvat soli i papar. Dobro ih izmiješajte.
d) Poslužite svoju salatu i uživajte.

81. Hokkaido Serrano Ramen Salata

SASTOJCI:
- 1 žuti luk nasjeckan
- 2 roma rajčice, nasjeckane
- 1 serrano čili, nasjeckan
- 1 crvena paprika, pečena i oguljena, srednje nasjeckana
- 1 šalica miješanog povrća narezanog na kockice
- 2 (3 oz.) pakiranja instant ramen rezanaca s orijentalnim okusom
- 1 kocka bujona od povrća
- 1 žličica kumina u prahu
- 1 žličica crvenog čilija u prahu
- 4 žlice umaka za špagete
- 2 žličice kanolinog ulja ili 2 žličice bilo kojeg drugog biljnog ulja

UPUTE:
a) Stavite veliku tavu na srednje jaku vatru. Zagrijte ulje u njemu. Pirjajte luk s rajčicom i serrano čilijem 3 minute.
b) Umiješajte paketić začina i Maggi kocku bujona. Umiješajte povrće, kumin i 1/2 a C. vode. Kuhajte ih 6 minuta. Umiješajte umak od špageta i kuhajte ih dodatnih 6 minuta.
c) Pripremite rezance prema uputama na pakiranju. Pomiješajte rezance s mješavinom povrća. Poslužite vruće. Uživati.

82. Ramen salata od mandarina

SASTOJCI:
- 1 (16 oz.) paket mješavine salate od kupusa
- 2 (3 oz.) paketa ramen rezanaca, izmrvljenih
- 1 šalica narezanih badema
- 1 (11 oz.) konzerva mandarina, ocijeđena
- 1 šalica prženih sjemenki suncokreta, oljuštenih
- 1 vezica mladog luka, nasjeckanog
- 1/2 šalice šećera
- 3/4 C. biljno ulje
- 1/3 C. bijeli ocat
- 2 paketića začina za ramen

UPUTE:
a) Uzmite malu zdjelu za miješanje: u njoj umutite ocat, začin za ramen, ulje i šećer kako biste napravili preljev.
b) Uzmite veliku zdjelu za miješanje: u nju stavite mješavinu salate od kupusa s rezancima, bademima, mandarinom, sjemenkama suncokreta i lukom.
c) Prelijte ih preljevom i istresite na kaput. Stavite salatu u hladnjak na 60 minuta pa je poslužite. Uživati.

83.Ramen s kupusom i sjemenkama suncokreta s

SASTOJCI:
RAMEN
- 16 oz. nasjeckani kupus ili mješavina salate od kupusa
- 2/3 šalice suncokretovih sjemenki
- 1/2 šalice nasjeckanih badema
- 3 vrećice instant ramen rezanaca s orijentalnim okusom, zgnječenih, nekuhanih, u paketu
- 1 vezica mladog luka, nasjeckanog

VINAIGRET
- 1/2 šalice ulja
- 3 žlice crvenog vinskog octa
- 3 žlice šećera
- 2 žličice papra
- rezanaca istočnjačkog okusa

UPUTE:
a) Uzmite veliku zdjelu za miješanje: u nju ubacite sastojke za salatu.
b) Uzmite malu zdjelu za miješanje: u njoj umutite sastojke za preljev.
c) Pokapajte preljev preko salate i stavite ih da se premazuju. Poslužite ga odmah.
d) Uživati.

84. Kremasta salata s orašastim plodovima i rezancima

SASTOJCI:
- 1 paket ramen rezanaca
- 1 šalica celera narezanog na kockice
- 1 (8 oz.) konzerva narezanog vodenog kestena, ocijeđenog
- 1 šalica nasjeckanog crvenog luka
- 1 šalica zelene paprike narezane na kockice
- 1 šalica graška
- 1 šalica majoneze

UPUTE:
a) Rezance izdrobiti na 4 dijela. Pripremite ih prema uputama na pakiranju.
b) Uzmite veliku zdjelu za miješanje: ocijedite rezance i pomiješajte ih sa celerom, vodenim kestenima, lukom, paprom i graškom.
c) Uzmite malu zdjelu za miješanje: u njoj umutite majonezu s 3 paketića začina. Dodajte ih u salatu i pomiješajte.
d) Salatu stavite u hladnjak na 1 do 2 h pa je poslužite.

85. Salata od sezama i đumbira inspirirana Japanom

SASTOJCI:
- 6 šalica miješane zelene salate (zelena salata, špinat, rikula)
- 1 krastavac, tanko narezan
- 1 mrkva, julienned
- 1 šalica cherry rajčica, prepolovljenih
- 2 žlice sjemenki sezama

ZAVOJ:
- 3 žlice soja umaka
- 2 žlice rižinog octa
- 1 žlica javorovog sirupa
- 1 žlica sezamovog ulja
- 1 žličica naribanog đumbira

UPUTE:
a) U velikoj zdjeli pomiješajte zelenu salatu, krastavce, mrkvu i cherry rajčice.
b) U maloj zdjeli pomiješajte sastojke za preljev.
c) Prelijte preljev preko salate, dobro promiješajte.
d) Prije posluživanja po vrhu pospite sjemenkama sezama.

86. Miso glazirana salata od pečenog povrća

SASTOJCI:
- 4 šalice miješanog pečenog povrća (batat, paprika, tikvica)
- 1 šalica kuhane kvinoje
- 1/4 šalice narezanih badema
- 1/4 šalice nasjeckanog svježeg cilantra

Zavoj:
- 2 žlice bijele miso paste
- 2 žlice rižinog octa
- 1 žlica soja umaka
- 1 žlica javorovog sirupa
- 1 žlica sezamovog ulja

UPUTE:
a) Pomiješajte pečeno povrće i kvinoju u velikoj zdjeli.
b) U maloj zdjeli pomiješajte miso pastu, rižin ocat, sojin umak, javorov sirup i sezamovo ulje kako biste napravili preljev.
c) Prelijte preljev preko povrća i kvinoje, dobro promiješajte.
d) Prije posluživanja ukrasite narezanim bademima i cilantrom.

87. Salata od slanutka i avokada

SASTOJCI:
- 2 šalice kuhanog slanutka
- 1 avokado, narezan na kockice
- 1 šalica cherry rajčica, prepolovljenih
- 1/2 crvenog luka sitno nasjeckanog
- 1/4 šalice nasjeckanog svježeg peršina

ZAVOJ:
- 3 žlice maslinovog ulja
- 2 žlice soka od limuna
- 1 režanj češnjaka, samljeven
- Sol i papar, po ukusu

UPUTE:
a) U velikoj zdjeli pomiješajte slanutak, avokado, cherry rajčice, crveni luk i peršin.
b) U maloj zdjeli pomiješajte maslinovo ulje, limunov sok, mljeveni češnjak, sol i papar.
c) Prelijte preljev preko salate i lagano promiješajte da se sjedini.

88. Hrskava zdjela za sushi od prženog tofua

SASTOJCI:
- 4 šalice pripremljene tradicionalne sushi riže
- 6 unci čvrstog tofua, narezanog na deblje kriške
- 2 žlice krumpirovog ili kukuruznog škroba
- 1 veći bjelanjak, pomiješan s 1 žličicom vode
- ½ šalice krušnih mrvica
- 1 žličica tamnog sezamovog ulja
- 1 žličica ulja za kuhanje
- ½ žličice soli
- Jedna mrkva, izrezana na 4 šibice
- ½ avokada, narezanog na tanke ploške
- kuhanog kukuruznog zrna
- 4 žličice mljevenog mladog luka, samo zeleni dijelovi
- 1 nori, izrezan na tanke trakice

UPUTE:
a) Pripremite rižu za sushi.
b) Stavite kriške između slojeva papirnatih ručnika ili čistih ručnika za suđe i stavite tešku zdjelu na njih.
c) Ostavite kriške tofua da se ocijede najmanje 10 minuta.
d) Zagrijte pećnicu na 375°F.
e) Udubite ocijeđene kriške tofua u krumpirov škrob.
f) Stavite kriške u smjesu od bjelanjaka i okrenite ih da se premažu.
g) Pomiješajte panko, tamno sezamovo ulje, sol i ulje za kuhanje zajedno u srednjoj posudi.
h) Lagano pritisnite malo panko smjese na svaku krišku tofua.
i) Kriške stavite na pleh obložen papirom za pečenje.
j) Pecite 10 minuta, a zatim okrenite kriške.
k) Pecite još 10 minuta ili dok panko premaz ne postane hrskav i zlatnosmeđi.
l) Izvadite ploške iz pećnice i ostavite ih da se malo ohlade.
m) Skupite 4 male zdjelice za posluživanje. Namočite vrhove prstiju prije dodavanja ¾ šalice riže za sushi u svaku zdjelu.
n) Lagano poravnajte površinu riže u svakoj posudi. Podijelite kriške panko tofua u 4 zdjele.
o) Dodajte ¼ štapića mrkve u svaku zdjelu.
p) Stavite ¼ kriški avokada u svaku zdjelu. Stavite 1 žlicu kukuruznih zrna na vrh svake posude.
q) Za posluživanje pospite ¼ nori trakica po svakoj zdjelici. Poslužite sa zaslađenim sojinim sirupom ili umakom od soje.

DESERI

89. Japanac Lemony Shochu

SASTOJCI:
- 20 ml svježeg soka od limuna
- 20 ml shochua
- 40 ml soda vode
- Limete i kriške limuna za ukrašavanje

UPUTE:
a) U čisti shaker za koktele ulijte sav sadržaj i dobro protresite da se izmiješa
b) Dodajte nekoliko kockica leda u gotove čaše i ulijte piće u svaku
c) Poslužite s kriškama limuna i limete

90. Mochi slatkiši

SASTOJCI:
- 1 ½ šalice. Pre-made Anko
- 11/2 šalice. voda
- 1 šalica. Katakuriko (kukuruzni škrob)
- ½ šalice. šećer
- 1 ¼ šalice. shiratama -ko (rižino brašno)

UPUTE:
a) Zagrijte ½ šalice. Voda. Dodajte ½ šalice. Šećer, prokuhati
b) Ubacite ½ Anko praha. Dobro promiješajte da se sjedini
c) Dodajte još vode ako vam se čini suho, miješajte dok ne postane čvrsta. Ostaviti sa strane da se ohladi
d) Kada se ohladi, grabite sadržaj i oblikujte 10 ili više malih kuglica
e) Pomiješajte preostali šećer i vodu u maloj posudi, ostavite sa strane
f) Ulijte rižino brašno u a zdjela . Pažljivo ulijte šećernu mješavinu u brašno, miješajući da dobijete tijesto
g) Stavite u mikrovalnu i zagrijavajte 3 minute
h) Poprskajte malo katakuriko na površinu, izvadite tijesto i stavite ga na pobrašnjenu platformu.
i) Lagano ga premijesite, režite na kuglice i svaku spljoštite.
j) U svako ravno tijesto staviti Anko kuglicu, zarolati je u kuglicu

91. Japanski voćni ražnjići

SASTOJCI:
- 2 šalice. Jagoda. DE oljušten i vrhovi uklonjeni
- 12 zelenih maslina
- 2 šalice . Kockice ananasa ili 1 konzerva ananasa
- 2 šalice. Narezani kivi
- 2 šalice . Borovnice
- 2 šalice . Borovnice
- 9 ražnjića ili čačkalica

UPUTE:
a) Ocijedite višak tekućine iz voća i naizmjenično ih nataknite na ražnjiće
b) Nadjevene ražnjiće posložite u pleh i ostavite u hladnjaku 1 sat
c) Izvadite i poslužite kada bude spremno

92. Agar voćna salsa

SASTOJCI:
- 1 štapić. Kanten agar (voćni žele)
- 1 mala limenka. segmenti mandarine
- 40 g shiratama -ko (rižino brašno)
- 3 žlice prethodno pripremljenog crvenog graha
- 10 kg. šećer
- 1 šalica. Miješano voće kivija, jagoda itd.

UPUTE:
a) Stavite Kanten agar u hladnu vodu, ostavite da se namače dok ne omekša
b) Prokuhajte 250 ml vode, ocijedite mekani Kanten od vode i dodajte u kipuću vodu. Dodati šećer i kuhati dok se Kanten dobro ne otopi. Izlijte u zdjelu, ostavite da se ohladi i zamrznite u zamrzivaču da se stegne
c) Ulijte shiratama -ko u zdjelu, dodajte malo vode i promiješajte da dobijete tijesto. Razvaljajte i režite loptice
d) Zakuhajte još jedan veliki lonac vode, dodajte shiratama -ko kuglice kada voda zavrije i kuhajte dok kuglice ne isplivaju iznad kipuće vode.
e) Narezano voće stavite u zdjelu, dodajte gotove shiratama -ko kuglice, zagrabite dio crvenog graha, mandarine, set Kanten narežite na kockice i dodajte u zdjelu.
f) Prelijte sirupom od mandarine ili umakom od soje ako ima i poslužite

93. Kinako Dango

SASTOJCI:
- Kinako, pola šalice
- Šećer u prahu, dvije žlice
- Hladna voda, pola šalice
- Dango prah, jedna šalica
- Košer sol, pola žličice

UPUTE:
a) U zdjelu za miješanje dodajte Dango prah i vodu. Dobro izmiješajte dok se dobro ne sjedini.
b) Uzmite malo tijesta i oblikujte kuglu.
c) Stavite na tanjur i ponovite dok ne potrošite svo tijesto.
d) Odložite posudu s hladnom vodom.
e) Dango kuglice dodajte u kipuću vodu i kuhajte dok se ne dignu do vrha.
f) Ocijediti i dodati hladnoj vodi. Ostavite nekoliko minuta dok se ne ohlade i ocijede.
g) U drugu zdjelu za miješanje dodajte kinako, šećer i sol i dobro promiješajte.
h) Stavite pola kinako smjese u zdjelu za posluživanje, dodajte dango kuglice i prelijte ostatkom kinaka.
i) Vaš obrok je spreman za posluživanje.

94. Hokkaido Dorayaki

SASTOJCI:
- Med, dvije žlice
- Jaja, dva
- Šećer, jedna šalica
- Brašno, jedna šalica
- Prašak za pecivo, jedna žličica
- Pasta od crvenog graha, pola šalice

UPUTE:
a) Skupite sve sastojke.
b) U velikoj zdjeli pomiješajte jaja, šećer i med i dobro umutite dok smjesa ne postane pjenasta.
c) U zdjelu prosijte brašno i prašak za pecivo i sve zajedno pomiješajte.
d) Tijesto bi sada trebalo biti malo glađe.
e) Zagrijte veliku neprijanjajuću tavu na srednje niskoj temperaturi. Najbolje je uzeti vremena i zagrijavati polako.
f) Kada vidite da se na površini tijesta pojavljuju mjehurići, preokrenite i pecite drugu stranu.
g) sredinu stavite pastu od crvenog graha .
h) Zamotajte dorayaki plastičnom folijom dok ne budete spremni za posluživanje.

95.Sladoled Matcha

SASTOJCI:
- Matcha prah, tri žlice
- 2 šalice biljnih pola i pola,
- Košer sol, prstohvat
- Šećer, pola šalice

UPUTE:
a) U srednjoj tavi za umake pomiješajte pola i pola, šećer i sol.
b) Počnite kuhati smjesu na srednjoj vatri i dodajte zeleni čaj u prahu.
c) Maknite s vatre i smjesu prebacite u zdjelu u ledenoj kupelji. Kad se smjesa ohladi, prekrijte plastičnom folijom i ohladite u hladnjaku.
d) Vaše jelo je spremno za posluživanje.

96.Hokkaido Zenzai

SASTOJCI:
- Mochi, jedna šalica
- Crveni grah, jedna šalica
- Šećer, tri žlice

UPUTE:
a) U lonac stavite crveni grah i pet šalica vode.
b) Pustite da prokuha i kuhajte pet minuta, a zatim procijedite grah i bacite vodu u kojoj se kuhao.
c) Sada grah ocijedite, a vodu u kojoj se kuhao sačuvajte.
d) U lonac stavite ocijeđeni grah, dodajte šećer i kuhajte na srednjoj vatri desetak minuta uz stalno miješanje.
e) Zatim ulijte vodu od kuhanja graha, začinite šećerom i miješajte na laganoj vatri.
f) Pecite mochi na roštilju ili u tosteru dok se ne prošire i malo porumene.
g) Stavite mochi u zdjelu za serviranje i prelijte ga žlicom juhe od graha.

97.Žele od japanske kave

SASTOJCI:
- 470 ml jake, tople kave
- 1 paketić želatine u prahu
- 60 g šećera
- 100 ml vrhnja
- 2 žlice šećera

UPUTE:
a) Želatinu u prahu prvo razmutiti u 4 žličice vode i ostaviti da nabubri 10 minuta.
b) Dodajte šećer u kavu i miješajte dok se šećer ne otopi. Neka se kava ohladi.
c) Uspite kavu u ravnu posudu (visine cca 2 cm) i stavite je u hladnjak na 6 sati.
d) Umutiti vrhnje sa 2 kasike secera.
e) Izvadite kalup iz hladnjaka i sve narežite na velike kocke. Poslužite s vrhnjem.

98. Matcha Tiramisu

SASTOJCI:
- 1 šalica indijskih oraščića, namočenih
- 1/4 šalice javorovog sirupa
- 1 žličica ekstrakta vanilije
- 1 žlica matcha praha
- 1 šalica jako kuhanog zelenog čaja, ohlađenog
- Ženski prsti
- Kakao prah za posipanje

UPUTE:
a) Pomiješajte namočene indijske oraščiće, javorov sirup, ekstrakt vanilije i matcha prah dok smjesa ne postane glatka.
b) Umočite ženske prste u zeleni čaj i poslažite ih na dno posude.
c) Nanesite sloj mješavine indijskog oraščića i matche preko ženskih prstića.
d) Ponovite slojeve i završite posipanjem kakaa u prahu.
e) Ostavite u hladnjaku nekoliko sati prije posluživanja.

99. Kinako Warabi Mochi

SASTOJCI:
- 1 šalica warabi mochi praha
- 2 šalice vode
- 1/2 šalice kinakoa (prženog sojinog brašna)
- 1/4 šalice šećera
- Kuromitsu (japanski sirup od smeđeg šećera)

UPUTE:
a) Pomiješajte warabi mochi prah i vodu u loncu.
b) Kuhajte na srednjoj vatri uz stalno miješanje dok se ne zgusne.
c) Izlijte u kalup i ohladite dok se ne stegne.
d) Narežite na komade veličine zalogaja i premažite mješavinom kinaka i šećera.
e) Prelijte kuromitsuom prije posluživanja.

100. Hokkaido Yuzu Sorbet

SASTOJCI:
- 1 šalica yuzu soka
- 1 šalica vode
- 1/2 šalice šećera
- Korica od 1 yuzua (po želji)

UPUTE:
a) U loncu pomiješajte yuzu sok, vodu i šećer.
b) Zagrijte na srednjoj vatri, miješajući dok se šećer ne otopi.
c) Maknite s vatre, dodajte yuzu koricu ako koristite i ostavite da se ohladi.
d) Smjesu ulijte u aparat za sladoled i mutite prema uputama proizvođača.
e) Zamrznite dok se ne stegne i poslužite.

ZAKLJUČAK

Dok zaključujemo naše kulinarsko putovanje kroz moderne kuhinje Hokkaida, nadamo se da vas je "Moderna hokkaido kuhinja" nadahnula, oduševila i bila gladna za još. Uz 100 recepata koji prikazuju najbolje kulinarske užitke Hokkaida, iskusili ste živahne okuse i bogatu tradiciju koja definira ovaj najsjeverniji otok Japana.

Od izdašnih klasika do suvremenih kreacija, svako jelo u ovoj kuharici priča priču o jedinstvenom kulinarskom nasljeđu Hokkaida i inovativnom duhu njegovih kuhara i kuhara. Bilo da ste uživali u ugodnim zdjelicama miso ramena, delikatnim okusima svježih morskih plodova ili uživali u slatkoći Hokkaido mliječnih proizvoda, vjerujemo da ste uživali u svakom trenutku svoje Hokkaido kulinarske avanture.

Dok nastavljate istraživati modernu kuhinju Hokkaido, potičemo vas da dopustite svojoj kreativnosti da raste. Bilo da eksperimentirate s novim sastojcima, mijenjate tradicionalne recepte ili dijelite okuse Hokkaida s prijateljima i obitelji, neka vaše kulinarsko putovanje bude jednako bogato i vrijedno poput okusa samog Hokkaida.

Hvala vam što ste nam se pridružili u ovoj ukusnoj avanturi. Nadamo se da će "Moderna Hokkaido kuhinja" postati dragi pratilac u vašoj kuhinji, nadahnjujući mnoge kulinarske užitke u godinama koje dolaze. Dok se ponovno ne sretnemo, neka vaši obroci budu ispunjeni toplinom, okusom i duhom Hokkaida. Sretno kuhanje!